Angela Eiter
Alles Klettern ist Problemlösen

ANGELA EITER

**Alles Klettern
ist Problemlösen**

**Wie ich meinen Weg
nach oben fand**

Tyrolia-Verlag · Innsbruck-Wien

Vorwort

Voller Enthusiasmus beginne ich mit dem Schreiben an diesem Buch. Ich habe vieles zu erzählen, was andere Menschen auf ihren Wegen mitnehmen können. Positives wie Negatives. Von außen betrachtet scheint meine Kletterkarriere ein makellos glänzendes Bilderbuch zu sein. Erfolge sind mir quasi zugeflogen. Aber der Schein trügt. Auf meinem Weg nach ganz oben hatte ich mit größeren Problemen zu kämpfen, als ich sie beim Klettern in der Wand je vorfand.

Meine Erfolge sind das Spiegelbild meiner Karriere und mein Name wird gern als Synonym für diesen glänzenden Spiegel verwendet, jedoch definiere ich mich durch mehr als durch meine Medaillen und Pokale.

In diesem Buch öffne ich meine verborgene Seite hinter dem Spiegel, die bislang nie zum Vorschein kam. Erfolg ist kein glückliches Privileg, sondern ein harter, oft schmerzhafter Kampf, der von leuchtenden Gipfeln und dunklen Tälern gesäumt wird. Erfolge beginnen nicht mit Siegen, sondern mit den Niederlagen, die man überwindet.

All das Erlebte wollte ich festhalten, meine schwierigsten Zeiten genauso wie die schönsten Erinnerungen. Warum? Vielleicht um andere Menschen zu ermutigen, ihre eigenen Durststrecken zu meistern und zu sich selbst zu stehen.

Im Sommer 2019

Inhalt

WIE ALLES BEGANN

Meine ersten Schritte in die Vertikale

April 1997. Viertklässler aus den unterschiedlichsten Grundschulen des Bezirkes eilen zur Aufnahmeprüfung in die Sporthauptschule Imst. Darunter, begleitet von seiner Mutter, ein für sein Alter ausnehmend zierliches Mädchen aus der Gemeinde Arzl im Pitztal.

Im Turnsaal der Schule tollten Kinder wie eine Horde junger Hunde herum. Mittendrin ein großer, sehr durchtrainiert wirkender Mann mit Brille, den einige bereits zu kennen schienen. Sie riefen ihn Mike.

Ich musterte Mike, da kam die Direktorin der Schule auf meine Mama und mich zu. Eine sportlich gebaute ältere Dame mit hellen kurzen Haaren. Sie gab uns die Hand, stellte sich vor und erklärte uns den Ablauf der Eignungsprüfung. Bevor die Tests begannen, mussten wir uns aufwärmen. „Die Kinder spielen Fangen. Geh hin und spiel mit", ermunterte mich die Direktorin.

Voll motiviert rannte ich in die Menge. Nach geschätzten 15 Minuten ertönte ein Pfiff von Mike. Er rief die Meute zu sich und teilte uns für die Krafttests ein. An der ersten Station mussten wir an einer Reckstange Klimmzüge machen.

„Oje, das habe ich noch nie gemacht!", dachte ich besorgt. Ich beobachtete die Kinder vor mir. Ein blondes, kleines Mädchen mit aalglatten Haaren bis zum Hintern verblüffte mich. Es schaffte mehr als zehn Klimmzüge! Meine eigene Vorstellung nahm sich vergleichsweise mickrig aus. Ein einziger Klimmzug – das war alles, was ich draufhatte. Ich biss die Zähne zusammen, presste den Atem und zog, was ich konnte. Aber nichts da! Ein zweiter Klimmzug wollte und wollte nicht klappen.

„Auweh. Hoffentlich sehe ich bei der nächsten Station besser aus!" Und tatsächlich schnitt ich bei den Liegestützen und Situps etwas besser ab. Nicht überragend, aber immerhin.

Am Ende des Auswahlverfahrens mussten wir alle der Reihe nach unser Kletterkönnen demonstrieren. Damals hatte ich noch keine Ahnung, worum es im Klettersport eigentlich geht, war aber umso neugieriger, was mich nun erwartete.

Wir gingen in den Keller des Schulgebäudes. Mike zeigte uns den sogenannten Boulderraum. Dieses Wort hatte ich vorher noch nie gehört. Bouldern bedeutet Klettern auf Absprunghöhe, man wird dabei nicht mit dem

Seil gesichert, sondern allein durch Matten am Boden. Der etwa drei Meter hohe und 25 Quadratmeter große Raum mit einem winzigen Fenster war rundherum mit Holz verkleidet. Von diesen Holzwänden hoben sich unzählige Noppen und Warzen in allen möglichen Farben und Formen ab. Das war lustig anzusehen. Kreuz und quer waren diese Griffe und Tritte montiert, sogar die Decke war mit Holzpaneelen samt Griffen bestückt. Zudem zog auf einer Höhe von vielleicht eineinhalb Metern ein etwa drei Meter langes Dach in den Raum. „Wow! – Und da kann man klettern?" Ich kam aus dem Staunen nicht heraus.

Mike erklärte uns den Ablauf des Tests: Er deutete auf den rot markierten Startgriff. Von dort sollten wir an der senkrechten Wand nach links queren, über eine leicht nach vorne geneigte Wand in das markante drei Meter lange Dach auf eineinhalb Metern Höhe klettern und schließlich zu einem schwarz umrundeten Zielgriff, der sich gleich neben dem roten Startgriff befand. Damit wäre die Runde geschafft.

Ich konnte es kaum abwarten, bis ich an der Reihe war. Einige Kinder hatten spezielle Schuhe an und einen Beutel mit einem weißen Pulver, mit dem sie ihre Hände vor dem Klettern einrieben. So auch das blonde, kleine Mädchen, das mich schon bei den Klimmzügen beeindruckt hatte. Wie elegant sie sich auf der Wand bewegte! Sie schaffte scheinbar mühelos die gesamte Traverse.

Endlich war ich an der Reihe. Zu meiner Überraschung erwies sich das Klettern viel schwerer als gedacht. Ich versuchte diejenigen Griffe zu fassen, in die ich meine Finger versenken konnte. Zwischen diesen tassengroßen Haltepunkten tauchten immer wieder ganz kleine Griffe auf, auf denen nicht mehr als die Fingerspitzen Platz fanden. Da zog ich lieber gleich weiter zum nächsten, größeren Griff, um mir nicht unnötig die Zähne auszubeißen. Noch schwieriger als mit den Händen war es, mit den Füßen Halt zu finden. Ich musste mich unfassbar fest konzentrieren, damit ich mit meinen klobigen Turnschuhen nicht von den kleinen Tritten abrutschte, die schmal wie ein Türrahmen waren. Ich schaute besonders genau auf die Tritte, versuchte meine Fußspitze langsam und exakt zu setzen. Bei aller Anstrengung machte es mir unglaublich viel Spaß, mich weiterzutasten, die Balance zu suchen und eine Lösung für diese Herausforderung zu finden. Bis ich etwa in der Hälfte der Traverse plötzlich mit den Füßen abrutschte – aus mit der Vorstellung. Dabei wäre ich zu gern noch weitergeklettert!

Mike sah meine Enttäuschung und fragte mich, wie oft ich schon geklettert sei.

„Heute zum ersten Mal.“

„Tatsächlich? Das erste Mal?“ Er schaute mich ungläubig an.

Ich war damals Schülerin an der Volksschule der Gemeinde Arzl im Pitztal. Mit Ablauf des Sommerhalbjahrs sollte ich meine vierjährige Schulpflicht dort beenden. Mein Zwischenzeugnis konnte sich sehen lassen, alles Einser außer einer Zwei im Musikunterricht, über die ich mich damals wahnsinnig ärgerte. Meine Noten waren jedenfalls kein Ausschlusskriterium bei der weiteren Schulwahl.

Wieso suchte ich mir aber ausgerechnet die Sporthauptschule Imst für meinen weiteren Weg aus? Meine damalige Volksschullehrerin setzte mir diesen Floh ins Ohr. Und sie kannte mich, meinen Bewegungshunger und meine Begeisterungsfähigkeit, offenbar recht gut. Doch im Moment war ich mit meiner Situation und vor allem mit mir selbst gar nicht zufrieden. Ich zweifelte sehr, ob man mich nach dieser mäßigen Vorstellung bei den Einstufungstests in die Schule aufnehmen würde.

Aus Sicht eines Trainers weiß ich heute, dass meine Kletterleistung damals ziemlich gut war. Und das erkannte auch Mike. Während andere Kinder bei der Aufnahmeprüfung bereits spezielle Kletterschuhe besaßen, kletterte ich mit Turnschuhen. Kletterschuhe sind eng anliegend, haben eine weiche Gummisohle und erlauben Feinmotorik bis in die Zehenspitzen. Kleinere Tritte können präzise angetreten werden, was einen guten Halt verspricht. Turnschuhe hingegen sind breit und bockig, die Spannung im gesamten Schuh fehlt. Die Fußspitze biegt sich leicht nach oben, verhindert geschmeidige Bewegungen und man rutscht leicht weg von den Tritten – so wie es mir ergangen ist.

Es kam mir wie eine Ewigkeit vor, bis wir endlich ein Schreiben von der Direktorin der Sporthauptschule erhielten. Ich platzte fast vor Aufregung, als ich das weiße Kuvert im Briefkasten fand. Ich starrte den Brief an, zögerte kurz, dann holte ich tief Luft und öffnete den Umschlag. Vorsichtig faltete ich das Schreiben auf und las: Ich sollte tatsächlich einen Platz an der Sporthauptschule Imst bekommen! Wie sehr diese Entscheidung meinen weiteren Weg prägen sollte, ahnte ich zu diesem Zeitpunkt nicht.

Kletterhunger

Im Herbst desselben Jahres wechselte ich in die neue Schule, wo im Zuge des Unterrichts zweimal die Woche ein Klettertraining mit Sportlehrer Michael „Mike" Gabl auf dem Stundenplan stand. Von Beginn an kletterte ich mit tiefer Leidenschaft und meine Begeisterung machte mich stark.

Schon als Kind liebte ich Denksportaufgaben, an denen ich mich regelrecht festbeißen konnte, sowie das kreative Basteln mit allem möglichen Plunder, der mir zwischen die Finger kam. Beim Klettern entdeckte ich in gewissem Maß Parallelen zu diesen Vorlieben. Denn neben den konditionellen Fähigkeiten sind es vor allem mentale Aspekte, die über das Gelingen von Bewegungsabläufen beim Klettern entscheiden.

Dieses Knacken von Bewegungsrätseln taugte mir so sehr, dass ich selbst nach dem Training in der Schule oft noch am Stockbett in meinem Zimmer weiterkletterte. Ich nummerierte mir an den Sprossen und Bettkanten einzelne Züge und boulderte daran herum, bis ich müde wurde. Anschließend machte ich zum Auspowern noch ein paar Klimmzüge und Liegestützen.

Das umfangreiche Training zeigte Früchte, denn bei meinem ersten Wettkampf, der „Westtiroler Meisterschaft", die es damals noch gab, erreichte ich den erstaunlichen fünften Platz. Mike war hellauf begeistert von meiner Vorstellung und überreichte mir eine symbolische Mitgliedskarte zur Aufnahme in sein spezielles Wettkampf-Kletterteam, in dem er den Stärksten unter uns als „Nachspeise" zum allgemeinen Training eine weitere Trainingseinheit servierte.

Das war Futter für meine Motivation! Ich brachte meinen Papa dazu, mir eine eigene Kletterwand zu bauen, damit ich auch in den Sommerferien trainieren konnte, wenn die Kletterhalle der Schule geschlossen hatte. Allzu viel Überredungskunst brauchte es nicht, denn ihm taugte es, wie ich durch das Klettern immer mehr aufblühte.

Ein guter Freund meines Vaters besaß einen Heustadel, den er ihm gern für den Bau einer Kletterwand zur Verfügung stellte. Gemeinsam werkelten sie mehrere Tage eifrig an der Konstruktion, bis sie mir dann stolz den fertigen Kletterhimmel demonstrierten. Die Wand reichte hinauf bis auf eine Höhe von fünf Metern und erstreckte sich vier Meter in die Breite. Im rechten Teil konstruierte mein Vater sogar ein kleines Dach, damit ich ordentlich zu beißen hatte. An dieser Wand konnte ich im Toprope oder sogar im Vorstieg klettern. Papa sicherte mich, wann immer er Zeit hatte. Manchmal stapelten wir am Boden des Heustadels auch alte Matratzen aufeinander, sodass ich im unteren Teil der Wand frei herumbouldern konnte.

Spätestens nach dem ersten Sommer entpuppte sich die Wand allerdings als zu einfach für meine gesteigerte Fitness. Ich kannte die Züge in- und auswendig und das immer gleiche Auf- und Abklettern wirkte narkotisierend auf meinen Körper und Geist. Ich fühlte mich wie ein Tiger im Käfig.

Was für ein Glück, dass zu dieser Zeit gerade die neu errichtete Kletterhalle in Imst ihre Tore für uns öffnete. Mit ihren 17 Meter hohen, teils stark überhängenden Wänden war sie damals die größte Halle in Österreich – ein krasser Gegensatz zu meiner kleinen Heustadel-Welt und gerade recht für meinen Tatenhunger.

Mike verköstigte uns inzwischen dreimal die Woche mit seinem Trainingsmenü. Es war ein irres Gefühl, seinem Team anzugehören. Die Älteren von uns waren so um die 14 oder 15 Jahre alt und bestritten schon eifrig Wettkämpfe in der Jugendklasse. Dabei gingen sie selten leer aus, denn das Kletterteam Imst gehörte zu den erfolgreichsten in Österreich.

Für die Wettkämpfe überreichte uns Mike spezielle, mit den Labels der Sponsoren bedruckte Klamotten, die wir gern auch bei den Trainingseinheiten trugen. Wenn ich heute zurückblicke, find ich es sehr amüsant, mit welcher Begeisterung ich damals dieses Werbe-Outfit trug.

Neben dem Training an den Wänden der Kletterhalle Imst sowie im schuleigenen Boulderraum ging Mike mit uns gelegentlich zum Klettern an die Felsen in der Umgebung. Als Bergführer war es ihm wichtig, uns einen verantwortungsvollen Umgang mit uns selbst und der Natur zu vermitteln. Beim Thema Sicherheit kannte er kein Pardon. Am Fels wies er uns auf die Gefahren hin, die in einer Halle nicht vorkommen. Das Klettern bereitete mir auch draußen in der Natur großen Spaß, zumal ich schon immer gern mit meinem Papa in die Berge ging. Durch den Wechsel von Halle und Fels konnte ich schon früh aus dem Vollen schöpfen.

Weniger begeisterten mich die gelegentlichen Gewichtsmessungen im Wettkampfteam. Durch die Kletterszene wurde unterschwellig vermittelt, dass leichte Kletterer bessere Karten im Wettkampf hätten. Man orientierte sich an bekannten Gesichtern, die im internationalen Ranking bei Kletterwettkämpfen ganz oben standen, wie zum Beispiel Katie Brown aus den USA oder die französischen Sportkletterpioniere François Legrand und Liv Sansoz. Das Thema „Leicht-sein" war jedenfalls in meinem Trainingsumfeld ein gern diskutiertes Thema, ein geringes Körpergewicht galt als eine der erfolgversprechenden Variablen beim Klettern.

Auch österreichische Topathleten wie Stefan Fürst oder Reinhold Scherer lebten scheinbar das „Schmalsein" vor. Beide Pioniere sorgten im nationalen wie internationalen Ranking für Aufsehen. Stefan galt zu seiner Zeit als unangefochtene Nummer 1 in den Österreichischen Meisterschaften und heimste zudem große Erfolge bei internationalen Bewerben ein. Auch am Fels bewies er sein Können, insbesondere mit der Erstbegehung von „X-Large" in Arco im Schwierigkeitsgrad 8c. Reinhold Scherer stand ihm um nichts nach. Er erlangte spätestens 1992 mit der Erstbegehung von „Dschungelfieber" an der Martinswand bei Innsbruck im Grad 8c+ ebenfalls große internationale Bekanntheit. Über diese legendären Leistungen wurde oft gesprochen, auch Mike erzählte davon. Die Bilder dieser superschlanken Helden brannten sich auf der Netzhaut unseres inneren Auges ein.

Hinzu kommt, dass ich zumindest für mich den Eindruck hatte, Mike würde für unseren Sport sehr schlanke Kletterinnen besonders schätzen. All das motivierte mich, weniger zu essen, um erfolgreicher zu werden.

Als Kind hatte ich eigentlich immer Appetit, da ich stets Auslauf suchte und mich oft stundenlang in der freien Natur bewegte. Ob Radfahren, Schwimmen, Ballspiele oder einfach irgendwo Herumturnen – ich erfreute mich an allem, was Bewegung und körperliche Ertüchtigung versprach. Wählerisch war ich beim Essen eigentlich nicht, aber bestimmte Lebensmittel lösten sehr starke Bauchkrämpfe bei mir aus. Vor allem nach dem Genuss von Brot oder Nudelgerichten hatte ich mit derart üblen Koliken zu kämpfen, dass ich oft zusammengekrümmt liegen musste. Auch bei Milchprodukten und Süßigkeiten hielt ich mich aus freiem Ermessen zurück, vermutlich zeigte mir mein kindlicher Instinkt, dass ich bestimmte Nahrungsmittel nicht vertrug. Als ich acht Jahre alt war, suchte meine Mama mit mir einen Arzt auf, der bei mir eine Weizensowie eine leichte Laktose- und Fruktose-Unverträglichkeit diagnostizierte.

Heute weiß ich, dass ich an chronischen Magen-Darm-Beschwerden litt und noch immer leide, die allerdings erst recht spät richtig erkannt wurden. Vermutlich spürte ich bereits als Kind die Symptome. Nichtsdestotrotz aß ich das, was ich vertrug, gern. Gleichzeitig aber machte es mir nichts aus, meine Mahlzeiten um des Klettererfolgs willen immer mehr zu reduzieren, denn wenn der Magen leer war, blieben auch die Bauchkrämpfe aus.

Also aß ich nur noch die Hälfte als sonst. Manchmal startete ich ohne Frühstück in den Tag. Ein anderes Mal ließ ich das Mittagessen ausfallen oder es gab am Abend nichts. Ich las in Büchern und Zeitschriften alles über Ernährung, was ich nur finden konnte. So lernte ich nicht nur die Grundsätze gesunder Essgewohnheiten kennen, sondern auch wie Abnehmen am besten gelingt. An manchen Tagen fiel mir meine selbstauferlegte Diät leicht, gelegentlich kämpfte ich mit dem Hunger. Aber mein Wille war stark.

An den Trainingssonntagen dieses ersten Winters in Mikes Wettkampfteam legte ich besondere Beharrlichkeit an den Tag, denn ich wollte ihn beeindrucken und im Klettern besser werden. Ich startete mit einem reichhaltigen Frühstück, denn frühstücken war schließlich erlaubt. Das hatte ich gelesen. Auf 10:00 Uhr brachten mich meine Eltern in die Kletterhalle. Meine Teamkollegen und -kolleginnen waren auch schon vor Ort, und wir pushten uns gegenseitig im Training. Wir spulten eine Route nach der anderen, zogen dann noch ein paar Boulder oder machten ein Krafttraining am Board. Manche meiner Teamkollegen beendeten das Training bereits mittags, wieder andere gesellten sich später dazu. Ich aber blieb bis in den Nachmittag in der Kletterhalle. Zu essen gab es den ganzen Tag über sehr wenig, ich belohnte mich erst mit dem Abendessen für diese lange Trainingseinheit.

Im Nachhinein wundere ich mich, wie ich das ohne umzukippen durchstehen konnte, aber es funktionierte prächtig. Ich kann mich an keinen einzigen Moment erinnern, an dem ich erschöpft war. Heute wäre dies undenkbar, aber der Körper eines zwölfjährigen Kindes konnte diese Belastungen anscheinend gut kompensieren. Zumindest vorübergehend. Jedenfalls stieg meine Leistungskurve nach oben wie eine Parabel. Diesen konditionellen Schub setzte ich brauchbar bei den nächsten wichtigen Wettkampfereignissen ein. Die Tiroler Meisterschaft der Schülerklasse rückte heran. Noch dazu in meinem „Wohnzimmer", in der Imster Kletterhalle.

Wie läuft ein Wettkampf ab?

Für jene Leserinnen und Leser, die sich mit Kletterbewerben nicht auskennen, möchte ich kurz den allgemeinen Ablauf erklären. Ein Lead- oder Vorstiegs-Wettkampf gliedert sich in zwei Qualifikationsrunden und ein Finale. Manchmal gibt es dazwischen ein Halbfinale, in das die besten 26 Athleten aus der Qualifikation einziehen. Im Finale stehen die besten acht beziehungsweise zehn, das variiert je nach Wettkampftypus. Der Austragungsmodus von Boulderbewerben unterscheidet sich im Übrigen grundlegend von den Lead- oder Vorstiegswettkämpfen.

Eine Lead-Wettkampfroute besteht aus aneinandergereihten Griffen und Tritten, die den Bewegungsablauf vorgeben. In einem Abstand von etwa einem bis zu zwei Metern befinden sich einzelne Sicherungspunkte, die sogenannten Expressschlingen. In die Karabiner all dieser Schlingen müssen die Kletterer das Seil einhängen. Sie dienen nur der Sicherung, sich an ihnen festzuhalten ist nicht erlaubt.

Ein beauftragter und ausgebildeter Routensetzer errichtet diese Wettkampfrouten. Insofern steckt hinter jeder Bewegung eine Überlegung des jeweiligen Routensetzers. Mit der Anordnung der Griffe und Tritte bezweckt er bestimmte Kletterabläufe und „zwingt" die Athleten, gewisse Bewegungen auszuführen. Dabei kann er aus einem variantenreichen Sortiment an Griffen und Tritten wählen, die er an die Wand schraubt.

Die teilnehmenden Kletterer dürfen diese Routen vorher nicht auschecken. Die ersten zwei Routen, sprich die Qualifikationsrunden, werden im sogenannten Flash-Modus ausgetragen. Das heißt, dass der Routensetzer und seine Helfer allen Teilnehmerinnen und Teilnehmern die Routen einmal vorklettern, bevor diese selbst an den Start gehen. Es gibt zwei voneinander unabhängige Routen. Die eine Hälfte der Teilnehmer klettert auf der ersten Route, die andere Hälfte auf der zweiten Route. Nachdem jeder an der Reihe war, wird gewechselt. Die Kletterer dürfen sich dabei auch untereinander beobachten. Und das erleichtert einiges! Die Athleten starten der Reihe nach, und es ist selbsterklärend, dass die erstgereihten Teilnehmer die schlechteren Karten gezogen haben, da sie noch keinem anderen Athleten zuschauen konnten und sich allein auf die Demonstration der Vorkletterer verlassen müssen.

Das Halbfinale und das Finale werden im On-Sight-Modus ausgetragen. Das bedeutet, dass sich die Athletinnen und Athleten weder gegenseitig zuschauen noch die Route vorher auschecken dürfen. Logischerweise regelt das nicht der Vertrauensgrundsatz, sondern die sogenannte Isolationszone: ein abgeschirmter Raum, in dem Handys und jegliche anderen Geräte, die den Kontakt nach außen ermöglichen, verboten sind. Die Isolationszone wird immer von mindestens einer Person überwacht. Diese leitet auch sämtliche wichtige Informationen weiter, die von außen kommen. Das könnte zum Beispiel ein technischer Zwischenfall sein, wenn sich etwa ein Griff dreht und dadurch der Start verzögert wird.

Als ich mit dem Wettkampfklettern begonnen hatte, wurde auch die Qualifikationsrunde bei den Weltcups in der Erwachsenenklasse noch im On-Sight-Modus und – je nach Größe des Starterfeldes – an einer oder zwei Routen ausgetragen, was die Aufenthaltsdauer in der Isolationszone nochmals deutlich erhöht hatte. Heute ist das kaum mehr vorstellbar. Die Umstellung von On-Sight- auf Flash-Modus ist erst im Jahre 2008 zunächst optional und 2009 quasi in allen Wettbewerben erfolgt.

Was treibt man eigentlich die ganze Zeit in der Isolationszone? In allererster Linie absolvierte ich ein gediegenes Aufwärmprogramm mit Laufen, funktionellen Übungen, Dehnen und Warm-Klettern, womit ich gut zwei Stunden beschäftigt bin. Aber der Aufenthalt in dieser Quarantäne kann je nach Teilnehmerzahl und Startreihenfolge weit länger dauern!

Als es die Iso-Zone noch in den Qualifikationsrunden der Weltcups gab, waren mehrere Stunden Aufenthalt dort keine Seltenheit für mich, denn Athleten und Athletinnen, die im internationalen Ranking ganz oben standen, starteten erst gegen Ende. Bei der Weltmeisterschaft in München von 2005 musste ich sage und schreibe 15 Stunden in dieser Quarantäne absitzen, denn als Weltranglisten-Erste startete ich erst ganz am Schluss, und bis ein Teilnehmerfeld von über 80 Kletterinnen durch war, mein lieber Schwan, das dauerte! Das Aufwärmprogramm nahm etwa drei Stunden in Anspruch, die restliche Zeit verbrachte ich mit Lesen oder mit Konzentrationsspielen. Zwischendrin gab ich mich aber auch einfach mal meinen Gedanken hin oder plauderte ein wenig mit meinen Kolleginnen. Irgendwann jedoch schlug nicht mehr ich die Zeit tot, sondern sie mich.

Nicht zu vergessen in diesem Zusammenhang ist die Tatsache, dass die Kletterzeit pro Athlet damals noch zehn bis zwölf Minuten betrug. Im Jahre

2008 wurde auch die Kletterzeit geändert und auf sechs Minuten in den Qualifikationsrunden und acht Minuten im Halbfinale und im Finale definiert. Im Jahre 2017 wurde die Kletterzeit optional und 2018 dann für alle Wettbewerbe im Lead nochmals reduziert: Die Uhr tickt nun bei allen Durchgängen für sechs Minuten. Auch wenn diese Zeitreduktion für die Athleten meiner Generation eine große Umstellung war, bringt sie viele Vorteile mit sich – nicht zuletzt einen kürzeren Aufenthalt in der Isolationszone. Außerdem müssen die Athleten nun schneller und kompromissloser Entscheidungen treffen und dürfen bei kniffligen Passagen nicht lange verweilen. Das hilft ihnen, Zeit und Kraft zu sparen. Obendrein wird der Wettkampf dadurch für die Zuschauer kurzweiliger und bleibt spannend. Dass diese Zeitreduktion den Sport für das Fernsehen attraktiver macht, ist ein zusätzlicher Pluspunkt. Das bewies die Weltmeisterschaft in Innsbruck 2018. Alle Durchgänge wurden im österreichischen Hauptsender ORF 1 live in professioneller Aufmachung übertragen – ein sensationeller Fortschritt für Sportler und Fans.

Nach den Qualifikationsrunden ist die Besichtigung der eigentlichen Wettkampfroute ein elementarer Bestandteil jedes Bewerbs. Hier gilt es, allein durch das Anschauen der vorgegebenen Strukturen sämtliche Informationen zu Tritten, Griffen, Rastpunkten und zu den Positionen, aus denen man die Sicherungspunkte einhängen kann, zu erfassen und sich im Gedächtnis einzuprägen. Ferngläser sind dabei als Hilfsmittel erlaubt, technische Geräte wie Kamera, Mobiltelefone und dergleichen hingegen verboten.

Das Merken der einzelnen Griffe fiel mir in der Regel nicht schwer. Bis auf wenige Ausnahmen behielt ich die Route im Kopf. Für Außenstehende mag das schwer vorstellbar sein, aber für mich sind Routen in gewisser Weise wie Bücher. In beiden Fällen muss man auch zwischen den Zeilen lesen können. Man muss die Bewegungsvorstellung der Routenbauer erkennen. Jeder Griff erfüllt seinen Zweck. Der eine wird mit der linken Hand gehalten, der andere mit der rechten und manche mit beiden. Oftmals dienen Griffe nur als kurzer Zwischenhalt zum Weitergreifen auf den nächsten, besseren Griff. Genau diese beabsichtigten Bewegungen gilt es herauszulesen und zu interpretieren. Manche Passagen lassen sich leicht und schnell auflösen, andere versetzen einen in Spannung und treiben den Adrenalinspiegel in die Höhe.

Nach Ablauf der genau festgesetzten Besichtigungszeit geht es nochmals zurück in die Isolationszone. Dann beginnt das große Palaver. Die Athleten versammeln sich gruppenweise und tauschen Informationen aus. Kaum jemand vertraut einzig und allein auf seinen eigenen Plan. Womöglich überlegst du dir jetzt, ob bei dieser Gelegenheit nicht versucht wird, sich untereinander auszutricksen und die Mitbewerber auf die falsche Fährte zu locken. Es wäre doch ein günstiger Zeitpunkt, die Chance zur Irreführung zu nutzen. Mag sein. Aber so etwas ist mir während meiner gesamten Wettkampflaufbahn tatsächlich nie untergekommen!

Meine erste Tiroler Schüler-Meisterschaft

An dem besagten Wochenende der Tiroler Schüler-Meisterschaft zitterte ich wie Espenlaub vor Aufregung. Die Nervosität erlosch jedoch spätestens während der Aufwärmprozedur. Vor dem Start hatten wir genügend Zeit, und ich absolvierte konsequent mein gelerntes Programm mit Lauf-, Dehn- und Kletterübungen, um bestmöglich vorbereitet zu starten. Die ersten beiden Routen meisterte ich problemlos, was den Einzug ins Halbfinale der besten 26 bedeutete.

Gemeinsam mit den anderen qualifizierten Athleten wartete ich in der Iso-Zone auf den Aufruf zur Routenbesichtigung. Als es endlich so weit war, stürmten wir wie ein Rudel hungriger Löwen die Wettkampfbühne. Die Uhr tickte. Sechs Minuten lang konnten wir die Route inspizieren. Dann mussten die Schiedsrichter die energiegeladene Meute wieder zurück in den Käfig bringen.

Wir fieberten alle im gleichen Maße dem Klettern entgegen. Wurde kurz nach der Besichtigung noch intensiv über die bevorstehende Route diskutiert, wurde es nach und nach stiller. Die erste Erhitzung war abgeklungen.

Bald war ich an der Reihe. Beim Einbinden des Seiles in meinen Gurt entspannte ich mich durch tiefe, ruhige Atemzüge. Nochmals prüfte ich den im Kopf abgespeicherten Bewegungsablauf der Route vor meinem inneren Auge. Dann gab der Schiedsrichter das Startsignal.

Wieder meisterte ich die Route solide, der Einzug ins Finale war gesichert! Ein Gefühl ungeheurer Freude überwältigte mich. Ich war bereit für die letzte Runde.

Das Finale der besten acht des Halbfinales setzte sich im bekannten Modus fort, es gab wieder eine Isolationszone und eine Routenbesichtigung. Ich kletterte abermals souverän, allerdings schlich sich diesmal ein gravierender Fehler ein. Was ist passiert?

Kurz vor dem Top befanden sich in einem kurzen Abstand von etwa einem halben Meter auf derselben Höhe zwei Sicherungspunkte unmittelbar nebeneinander. Diese Konstruktion ist unüblich, die Routensetzer wenden sie nur dann an, wenn Gefahr in Verzug ist. Ich klinkte das Seil in den Karabiner des ersten Sicherungspunktes ein und kletterte weiter.

Drei Griffe vor dem Top wurde mir bewusst, dass ich vergessen hatte, das Seil auch in die zweite Expressschlinge einzuhängen. Zu dumm, denn das Reglement schreibt vor, dass alle Schlingen eingehängt werden müssen. Hektisch kletterte ich die schweren Züge zurück bis zur Schlinge. Das kostete mich dermaßen viel Kraft, dass ich es nicht schaffte, eine Hand loszulassen, um das Seil in den Karabiner zu klinken. Ich krallte mich fest, schüttelte meine Arme, um mich etwas zu erholen, aber die Situation blieb ausweglos. Schließlich fiel ich erschöpft ins Seil.

Mensch, war ich sauer! Ich zappelte herum wie Rumpelstilzchen und hätte mich wie dieses am liebsten selbst in Stücke gerissen. Mein Vater und Mike versuchten mich zu trösten, sie sagten: „Was hast du denn eigentlich? Du bist doch Tiroler Vizemeisterin! Darauf kannst du wirklich stolz sein!"

Aber was interessierte mich schon der zweite Platz, wenn ich hätte gewinnen können. Ich hatte den Siegeszug ja bereits in der Tasche …

Ich hasste mich so für diesen Patzer, dass ich mir anstatt aufheiternder Worte eher einen Hammer wünschte, um mir meine Dummheit aus dem Kopf zu schlagen. Was für eine vertane Chance! Ein Bekannter aus der Imster Kletterszene versuchte mich zu beruhigen: „Angy, wenn du erst einmal Weltmeisterin bist, wirst du über diesen Schnitzer nur noch lachen!" Diesen Satz schloss ich wie einen Zauberspruch in mein aufgewühltes Kinderhirn ein.

Die Spirale beginnt sich zu drehen

Dass Niederlagen im Spiel des Wettkampfes dazugehören und nicht weniger wichtig, sondern vielleicht sogar wichtiger sind als Erfolge, musste ich also bereits im Kükenstadium lernen. Das machte mich stärker, und ich wuchs an den beißenden Erfahrungen. Wie einverleibte Schätze verankerten sie sich in meiner Persönlichkeit. Siege und Niederlagen wechselten wie Regen und Sonnenschein am Horizont. Ob mit weinendem oder lachendem Auge: das Streben nach Erfolg trug mich weiter. Ich wollte einmal ganz oben am Podest stehen. Nur ein einziges Mal! So dachte ich anfangs. Später hielt ich mein Wort nicht mehr …

Mir war klar, dass ich alle Register ziehen musste, um den langersehnten Erfolg einfahren zu können. Insgesamt trainierte ich nun viermal die Woche nach dem von Mike vorgegebenen Plan. Meistens ging ich mit meiner Freundin Tati oder auch mit den anderen Mädchen und Jungs aus dem Kletterteam zum Trainieren, und wenn gar keiner Zeit hatte, sicherte mich mein Vater. Ich versuchte alle Bereiche bestmöglich abzudecken. Der Schwerpunkt lag beim Klettertraining. Umfangreiche Technikeinheiten bestimmten den Ablauf ebenso wie konditionelle Aspekte hinsichtlich Kraft und Ausdauer. Ergänzend baute ich zyklisch Einheiten zum Erhalt der Beweglichkeit und der Grundlagenausdauer ein.

Auch der mentale Bereich gewann zunehmend an Bedeutung. Mike beauftragte den erfahrenen Sportpsychologen Walter Minatti, um mit uns phasenweise in diesem Bereich zu arbeiten. Ich verstand mich sehr gut mit ihm, und seine mentale Unterstützung baute mich vor allem nach dem Patzer bei der Tiroler Schüler-Meisterschaft wieder auf. Er lehrte uns verschiedene Entspannungsübungen wie zum Beispiel die sogenannte Körperreise. Allesamt einfache, altbekannte Methoden, die damals aber neu für mich waren und mir guttaten. Sie halfen mir nervösem Zappelphilipp, im Wettkampf entspannter und ruhiger zu werden.

Im darauffolgenden Jahr konnte ich die beiden Höhepunkte der Wettkampfsaison für mich verbuchen: 1999 gewann ich die Tiroler Meisterschaft und die Österreichische Staatsmeisterschaft in der Schülerklasse. Mike war mächtig stolz auf mich, die Anerkennung tat mir gut. In der Imster Kletterszene wurde ich zu dieser Zeit gern mit dem aufstrebenden, gertenschlanken

Jungstar Katie Brown aus den USA verglichen. Seit die damals 16-Jährige den legendären Rock Master in Arco gewann – das Wimbledon im Klettersport –, galt sie als das Maß der Dinge in der Kletter-Wettkampfwelt. Dieser Vergleich und der große Zuspruch von allen Seiten motivierten mich noch mehr. Auch dazu, meine reduzierte Ernährung beizubehalten. Denn der langersehnte Erfolg belohnte meinen Hunger. Mir war damals überhaupt nicht bewusst, dass ich mich mit diesem Verhalten auf einen Abgrund hin bewegte.

Warum ich in den Sog der Magersucht geriet, kann ich mir heute erklären, damals durchschaute ich die Dynamik nicht. Für ein Kind ist jede Form von Anerkennung, jedes Lachen, jeder Applaus, ein positives Feedback, egal was es tut. Wenn ein Kleinkind beispielsweise die Mama mit einem Schimpfwort beleidigt und der Papa daneben in Gelächter ausbricht, nimmt das Kind diese Reaktion vermutlich als Zustimmung wahr. Dadurch wird das Kind gestärkt und verhält sich das nächste Mal womöglich wieder so, um die erhoffte Anerkennung zu erhalten. So handelte auch ich damals wie ein Kind und setzte ruhigen Gewissens meine Hungerei fort.

Bei einer gewöhnlichen Gesundheitsuntersuchung, die meine Eltern gelegentlich durchführen ließen, ermittelte unser Hausarzt meine Körpermaße. Ich war auffallend dünn, was meine Mama beunruhigte. Der Arzt meinte jedoch, das sei nicht so schlimm. „Das Mädchen wird schon essen, wenn es Appetit hat." Diese Worte beruhigten meine Mutter, wenngleich die Zweifel blieben. Im Grunde merkten meine Eltern aber nicht, dass ich krankhaft hungerte. Wie auch? Ich war tagsüber in der Schule oder beim Training in der Kletterhalle. Aus diesem Grund konnten weder meine Mama noch mein Papa mein gestörtes Essverhalten erkennen. Und ich sah keine Notwendigkeit, dieses Thema von mir aus zur Sprache zu bringen. Wenn ich allerdings vom Klettern pausierte oder aus einem anderen Grund den ganzen Tag bei meiner Familie war, fiel es mir schwer, meiner Mama das liebevoll zubereitete Essen abzuschlagen und sie zu enttäuschen. Aber damals dachte ich, ich kann nur so im Wettkampf bestehen.

An eine einschneidende Begebenheit kann ich mich dabei besonders gut erinnern: Ich saß gemeinsam mit meiner Mama und meinem um zehn Jahre älteren Halbbruder Christoph (den ich als „ganzen" Bruder liebgewonnen hatte) am Mittagstisch. Es gab Fisch und Reis. Da ich diesen Tag nur sitzend mit Lernen verbrachte und somit nur wenig Kalorien verbrauchte, forderte ich mich auf zu fasten. Das Frühstück war schon spartanisch ausgefallen, das Mittagessen zwang ich mich gerade ganz auszulassen, umso sehnsüchtiger dachte ich aber jetzt ans Abendessen, auf das ich ungern verzichten wollte. Ich blickte auf den Tisch, mein Appetit blieb leblos wie der Fisch am Teller.

„Mama, danke für das gute Essen, aber ich habe heut einfach keinen Hunger. Ich muss noch lernen. Darf ich aufstehen und in mein Zimmer gehen?"

„Was ist los, Angy? Mir ist aufgefallen, dass du zurzeit generell wenig Appetit hast. Ist etwas in der Schule? Hast du Kummer? Du kannst mir alles sagen!"

„Nein, es ist nichts, Mama. Alles gut. Wirklich."

Traurig starrte ich auf den Teller. Eine Träne entwischte meinen Augen, die nächsten folgten und liefen über mein Gesicht. Ich konnte einfach nichts essen.

Mein Bruder kapierte die Situation sofort und sagte: „Du brauchst die Kraft doch fürs Klettern! Du musst wachsen und stark werden. Deshalb ist Essen wichtig."

Er schaute mich an, schwieg einen Moment, dann sprach er weiter: „Hast du Angst, dick zu werden, Angy? Das wirst du sicher nicht. Schau Mama an. Sie ist auch dünn. Wie du." „Außerdem verbrauchst du viel Energie durch den Sport", fügte er hinzu, „da musst du dem Körper auch etwas zurückgeben."

Es nutzte alles nichts. Meine Kehle war wie zugeschnürt, nur die Tränendrüsen waren offen. Schweigend saßen wir im Esszimmer. Eine Stimmung wie auf einer Beerdigung.

Ein starkes Band

Meine Familie bedeutete mir immer schon sehr viel. Gemeinsam lebten wir auf engem Raum in einer 76 Quadratmeter großen Wohnung in einem Mietshaus in Arzl im Pitztal. Meine um vier Jahre ältere Schwester Carmen teilte ein kleines Zimmer mit mir. Als wir klein waren, funktionierte das Schlafen im selben Raum ganz gut. Mit dem Heranwachsen allerdings wuchs auch der Wunsch nach Privatsphäre. Zum Glück war ich viel unterwegs, und wir kamen nach wie vor ganz gut zurecht mit unserer Situation. Im Gegensatz zu mir interessierte sich Carmen kaum für Sport, sie widmete sich mehr ihrem Freundeskreis, denn sie hat eine ausgesprochen soziale Ader. Dementspre-

Kindheitserinnerungen: meine erste Geburtstagstorte.
Links: Beim Firmausflug mit meinem Bruder, der auch mein Firmpate war.
Oben: Meine Cousine Corinna (links) war damals schon meine liebste Spielgefährtin.

chend beliebt war sie in der Familie, bei Kollegen und Freunden. „Hast du Sorgen, kannst du Carmens Obhut borgen", hieß es zu Recht.

Ganz ähnlich mein Bruder Christoph, der klarerweise ein eigenes Zimmer in unserer Wohnung hatte, da er viel älter und zudem ein Junge war. Auch er kümmerte sich immer um die Familie und seine Freunde. Wurde er gebraucht, kam er zur Stelle. Er ist ein humorvoller Mensch, hat immer einen herzhaften Spaß auf Lager. Da hatten wir früher manchmal allesamt ordentliche Kracher einzustecken! Ganz besonders hatte er es auf mich, den kleinsten Schützling in der Runde, abgesehen. Manches Mal schnappte mich mein Bruderherz und steckte mich kopfüber in die Badewanne. An anderen Tagen setzte er mir seine Ausdünstung ins Zimmer, sperrte ab und freute sich an meiner Schimpferei. Du kannst dir also ungefähr vorstellen, wie es bei uns daheim zugegangen ist. Oft war es nervig und lustig zugleich.

Die Verbundenheit auf engem Raum erwies sich als besonders vorteilhaft, wenn unsere Eltern außer Haus waren. Sie arbeiteten beide hart und waren somit tagsüber kaum da. Mein Papa verdiente sein Geld auf selbstständiger Basis als Holzfäller. Er verbrachte viel Zeit in den Wäldern, wo er für seine Auftraggeber sommers wie winters Holzarbeiten verrichtete. Es war eine harte, gefährliche Arbeit, und er war sich für keine Anstrengung zu schade. Einmal kam er spätabends nach Hause. An einem Bein drang Blut durch die grüne Schutzhose und lief als weinrotes Rinnsal herab.

„Was ist passiert?", riefen Mama und ich schockiert. Er war im feuchten Wald ausgerutscht und hatte sich mit der Motorsäge in den Oberschenkel geschnitten. Mama nahm ihre Jacke und den Autoschlüssel, um ihren Mann sofort zum Arzt zu bringen. Der wehrte jedoch ab: „Her au, des werd schu wieder" und ging ins Bad. Da standen wir mit großen Augen da und sagten nichts mehr.

Mama behütete und versorgte uns wie die Vögel ihre Nester während der Brutzeit. Kurzum: Sie tat alles für uns; erledigte den ganzen Haushalt, begleitete uns zum Arzt, wenn es nötig war, half uns mit schulischen Angelegenheiten und leistete, was auch immer gerade anstand. Und das neben ihrer Vollzeitbeschäftigung als Köchin. In der Wintersaison kümmerte sie sich um die Gäste eines Hotels, während der Sommermonate verköstigte sie die Arbeiter der Wildbach- und Lawinenverbauung. Es ist selbsterklärend, dass sie – gleich wie mein Papa – mit Beruf und Familie vollauf gefordert war, und diese Anstrengung war ihnen ins Gesicht geschrieben. Durch ihr Vorbild lehrten sie uns indirekt hartes Arbeiten und Disziplin. Außerdem lernten wir Kinder früh, eigenständig zu sein. Wir erledigten Einkäufe und halfen im Haushalt. Das entwickelte unsere Selbstständigkeit und unseren Zusammenhalt.

Die Freude an Sport und Bewegung habe ich von meinem Papa geerbt, und das ist sicher etwas, was uns bis heute verbindet. Er liebt die Berge, seit er denken kann, und kennt die meisten Gipfel der Umgebung beim Namen und weiß ihre Höhe. Von ihm habe ich viel gelernt, vor allem den Respekt im Umgang mit der Natur. Er nahm mich oft mit in die Wälder sowie in die Berge und zeigte mir ihre Schönheit, noch bevor ich mit dem Klettern begann. Umgekehrt bereicherte meine Begeisterung für die Berge und das Klettern auch sein Leben. Wenn ich ihn heute frage, warum er mich immer so tatkräftig beim Klettern unterstützt hat, antwortet er, dass es ihm schon immer viel gegeben hat, zu spüren, dass wir beide dieselbe Leidenschaft und Begeisterung für die Natur teilen. Zudem war es ihm wichtig, dass wir Kinder das tun konnten, was uns Spaß machte, und er wollte uns auf unserem Weg unterstützen. Denn dieses Privileg hatte er als Bauernbub nicht. Er musste in seiner Kindheit am Hof oder bei der Heuernte mithelfen und durfte nur in Ausnahmefällen zum Spaß in die Berge gehen.

Die erste Kletterreise

Es braucht nicht viel Fantasie, um sich vorzustellen, dass meine Eltern besorgt waren, als ich regelmäßig das Essen verweigerte. Daher bereitete ihnen der bevorstehende zweiwöchige Team-Klettertrip quer durch Frankreich, zu dem mich Mike eingeladen hatte, Kopfzerbrechen. Ob ich dort genügend essen würde? Sie sprachen mit Mike darüber, und er versicherte ihnen, dass er und seine Frau auf mich besonders aufpassen würden.

An einem strahlend sonnigen Samstag im August 1998 war es so weit: Meine erste größere Kletterreise begann. Mike, seine Frau Cordula und sieben seiner Athletinnen samt Eltern, darunter auch ich, versammelten sich am Parkplatz der Sporthauptschule. Es herrschte heitere Aufbruchsstimmung. Wir waren eine reine Mädchenrunde – mit Mike als Hahn im Korb. Mit von der Partie waren meine Teamkolleginnen Priska, Tamara, Sabine alias „Bine", Barbara und, als die Jüngsten in der Runde, meine Freundin

Tatjana und ich. Wir hüpften aufgeregt um Mikes roten VW-Bus herum und stopften Reisetaschen, Zelte, Campingausrüstung, Kletterzeug und manchen Krimskrams in den Kofferraum. Als wir endlich starten konnten, war der Bus mehr als vollbeladen. Fröhlich winkten wir unseren Liebsten vom Fenster aus zu.

Ich saß mit meiner Freundin und Kletter-Komplizin Tatjana sowie Mikes Frau Cordula auf der vorderen Bank neben Mike, der das Fahrzeug lenkte. Während der Fahrt eröffnete er uns mit ernster Miene, dass wir während des gesamten Trips kein einziges Schimpfwort in den Mund nehmen dürften. Wer sich nicht daran hielt, müsste zehn Schilling in die Gemeinschaftskassa zahlen. Du wirst es nicht glauben, aber damals hatten wir tatsächlich noch Schilling in der Geldbörse! Mit weit geöffneten Augen schauten wir uns an und begannen sofort, Spaß an diesem herausfordernden Deal zu haben. Es verstrich nicht viel Zeit und schon fiel das erste Tabuwort. So kam schon während der Anreise eine nette kleine Summe Geld zusammen. Nur ich blieb konsequent und „rein" – oder wenigstens fast.

Nach einer Weile wandte sich Mike zu mir und meinte: „Jetzt werden wir schauen, dass du ein bisschen Fleisch auf die Knochen bekommst!" An seine genaue Wortwahl kann ich mich nicht mehr erinnern, aber die Botschaft war ein und dieselbe. In mir zog sich alles zusammen, ich erstarrte innerlich und dachte nur: „Nein, bloß das nicht."

Die Anreise zog sich in die Länge und wir Mädchen hielten uns mit unserer „Mucke" bei Laune. Der Song „Stand by me" von John Lennon lief beinahe in Dauerschleife. Vor allem Tami und Bine liebten dieses Lied, und wir sangen alle begeistert mit.

Nach zwölf Stunden Fahrzeit erreichten wir endlich unser Revier, den Campingplatz in der kleinen französischen Ortschaft Orpierre, die direkt unterhalb eines gewaltigen Felsmassivs liegt. Gleich nach der Ankunft luden wir das Auto aus und stellten die Zelte auf. Nach getaner Tat verteilte Cordula Kuchen. Ich lehnte das Angebot ab, aber Mike zwang mich förmlich dazu, mein Kuchenstück aufzuessen. So empfand ich es jedenfalls. Ich fühlte mich wehrlos und traute mich nicht, dagegenzuhalten, denn Mike zu enttäuschen fiel mir unendlich schwer.

Mit Widerwillen biss ich in die von Schokolade überzogene Masse. Es war grauenhaft. Mir schien, als würde der Zucker wie Zecken über meinen Körper herfallen und sich im wehrlosen Gewebe festkrallen, um mich still und heimlich zu vergiften. Hoffentlich würde ich wenigstens morgen abends einen Weg finden, aufs Essen zu verzichten.

Nichts da.

Mike nahm die Worte meiner Mama und sein Versprechen ernst.

Abend für Abend musste ich alles aufessen, was auf dem Teller war. Nicht nur ich, wir alle mussten das. Außer mir und einer weiteren Kollegin fiel das den anderen aber nicht weiter schwer. Manche verdrückten sogar noch eine zweite Portion, so wie es sich für Jugendliche eigentlich gehört, die neben dem Sport auch viel Energie für das Wachstum brauchen. Allerdings mussten die sich dann wiederum lustig gemeinte Kommentare zu ihrem Gewicht anhören. Insofern verstand ich die Welt nicht mehr. Zuerst sollen Kletterer leicht sein und dann werden sie derart gemästet?

Ich versuchte Mike klarzumachen, dass ich es einfach nicht schaffte, die gesamte Portion aufzuessen. Erfolglos. Mike beharrte auf seinem Befehl.

Mein Magen war diese Mengen an Nahrung aber nicht mehr gewohnt, und so wurde jede Mahlzeit für mich zu einer Tortur. Mir wurde übel, ich bekam schlimme Bauchkrämpfe, traute mich aber nicht, etwas zu sagen. Um Mike nicht zu enttäuschen, entwickelte ich meine eigene Strategie, um die abendlichen Mahlzeiten zu schaffen. So aß ich nach dem Frühstück dann den ganzen Tag über sehr wenig. Gelang es mir, Mike am Abend einen leer gegessenen Teller zu reichen, strahlte er übers ganze Gesicht. Er meinte es gut, nichtsdestotrotz habe ich unter diesem Spannungsverhältnis zwischen Mike und mir enorm gelitten.

Das Klettern in Orpierre tröstete mich jedoch über die Schikanen des Essens hinweg. Bereits früh am Morgen marschierten wir vom Campingplatz zu den Felsen. Tage am Fels konnte ich bis dahin an einer Hand abzählen. Somit war dieses Trainingslager für mich eine großartige neue Erfahrung, die ich so gut nutzte, wie es nur ging.

Im Gegensatz zum Klettern in der Halle, wo ich gelernt hatte, mich an der Farbe der gesetzten Griffe zu orientieren, war der Fels auf den ersten Blick frei von offensichtlichen Haltepunkten. Ich sah nur hin und wieder einige weiße Flecken in der bis zu 40 Meter hohen Wand aus rötlich-braunem Kalkgestein. Sie stammten vom Magnesium, das die Kletterer verwenden, um ihre Finger zu trocknen. Als Orientierungspunkte sind diese in der Wand hinterlassenen Spuren hilfreich, da sie darauf hinweisen, wohin ein Kletterer gegriffen hat. Aufgrund der imposanten Wandhöhe konnte ich jedoch nur schwer erahnen, wie gut oder schlecht die einzelnen Felsstrukturen waren. Waren es ausgeprägte Vertiefungen und Kanten oder waren sie nur flach und damit schwer zu halten?

Die Wand unterschied sich völlig von den Felsen, die ich von zu Hause kannte. Sie war viel höher, steiler und kompakter. Die Kletterei war ausgesetzt, man spürte mit jedem Zug, wie die Luft unter dem Hintern wuchs. Wir kletterten viele verschiedene Routen. Von leichten bis anspruchsvollen Linien war für jeden etwas dabei. Ich war fasziniert.

Mike meinte, ich könnte die Route „Pas de bras, pas de chocolat" versuchen. Eine 7b. Also nicht gerade eine Aufwärmroute für eine Zwölfjährige, die bislang nur wenige Tage am Felsen verbrachte. Ich sah mir die Linie an. Sie durchquert steiles Gelände auf kompaktem, gut griffig wirkendem Gestein. Ab der Hälfte verloren meine Augen jedoch die Einzelheiten der 35 Meter langen Route aus dem Blick.

Hoch motiviert stieg ich ein. Schon auf den ersten Metern überkam mich eine Welle der Begeisterung. Die Kletterei taugte mir voll und ganz. Eine Stelle entpuppte sich als äußerst anspruchsvoll, es war die Schlüsselstelle. Sie bremste meinen Kletterfluss. Ich wusste nicht mehr weiter, worauf Mike mir vom Boden aus die nächsten Griffe zurief.

„Siehst du den Griff links oben? Dort musst du hin. Er ist schwer zu halten, also zieh gleich weiter, danach kommt wieder ein guter Griff."

Ich befolgte Mikes Anweisung, suchte einen passenden Tritt für meinen linken Fuß, dann einen für meinen rechten. Instinktiv stieg ich zuerst mit dem einen, dann mit dem anderen Fuß hin. Ich stabilisierte meinen Körper, sah den Griff an und zog.

„Wow, ist der schlecht." Damit hatte ich nicht gerechnet. Aber ich erinnerte mich an Mikes Rat. „Ruhig bleiben und gleich weitergreifen", hatte er gesagt. Ich atmete tief durch und zog weiter.

„Yes, genau so. Du schaffst es. Bravo!!", schrie Mike und feuerte mich an, dass ich die Route, jetzt, wo die schwerste Stelle geschafft war, ja nicht mehr verschenken dürfe. „Allez, Angy!"

Während meiner ersten Kletterreise gelang es mir, die Route
„Pas de bras, pas de chocolat" (7b) in Orpierre zu flashen.

Außer Orpierre (oben) besuchten wir auf dieser Trainingsfahrt noch Châteauvert und das malerische Städtchen Cassis, von wo wir auch eine Bootsfahrt entlang der Küste unternahmen.

Hochmotiviert und konzentriert kletterte ich weiter. Wenn ich ins Stocken kam, halfen mir Mikes Ansagen auf die Sprünge – bis ich die Route tatsächlich in einem Zug bis zum Top durchstieg. Ohne Sturz, ohne im Seil hängend zu rasten. Meine erste 7b! Und dazu noch ein Flash – im ersten Versuch auf Anhieb gelungen!

Mike war begeistert, er strahlte vor Freude. Er gratulierte mir und betonte mehrmals, was dies doch für eine großartige Leistung sei. Auch die anderen Mädchen freuten sich mit mir.

Dass diese 7b nicht bloß ein Zufallstreffer war, zeigt die Tatsache, dass ich im Laufe dieses Trips, bei dem wir noch weitere Klettergebiete besuchten, noch einmal dieselbe Leistung brachte. In Châteauvert gelang mir die 7b „Les Eléments ne font pas de cadeau". Heute erscheint es nichts mehr Besonderes, wenn Kinder in diesem Schwierigkeitsbereich klettern, aber Ende der 1990er-Jahre war die Flashbegehung einer 7b durch ein zwölfjähriges Mädchen mit kaum Felserfahrung durchaus bemerkenswert, gerade in der heimischen Kletterszene.

Mike zeigte mir damals in Orpierre noch eine andere, noch schwerere Route im Schwierigkeitsgrad 7c. Meine Teamkollegin Babsi probierte sie gerade und ich schaute ihr zu. In der Halle war ich ja schon Routen in diesem Schwierigkeitsgrad geklettert, mir war sogar eine Route im Schwierigkeitsgrad 7c+ gelungen, was damals in meinem Umfeld für große Aufregung sorgte. Der Fels ist aber ein völlig anderes Terrain als die Halle. Das Entschlüsseln der Route ist in einer kompakten Felsstruktur viel komplexer als an der Kunstwand, wo die Griffe und Tritte hervorstehen und an ihrer Farbe erkennbar sind.

Mich begeisterte die neue Herausforderung, die mir Mike gegeben hatte, und ich startete gleich meinen ersten Versuch. Etwa in der Hälfte der Route wusste ich jedoch nicht mehr weiter. Ich setzte zum nächsten Zug an, erwischte den anvisierten Griff aber kaum und landete im Seil. „Scheiße!", ärgerte ich mich lauthals über mich selbst.

„Das macht zehn Schilling!", rief Mike lachend von unten herauf.

„Naaa …, Scheiße …" Uups. Jetzt erst fiel mir unsere Abmachung wieder ein. Zu spät. Nun war es vorbei mit meiner Favoritenrolle im Keine-Schimpfwörter-Spiel. Wir lachten beide über diesen Doppeljackpot und meine Teamkolleginnen lachten mit.

Am Abend wollte ich unbedingt meinen Eltern von diesem schönen Tag berichten. Neben der Bar, in der wir nach dem Klettern immer einkehrten, stand eine Telefonzelle. Ja, ehrlich, damals gab es noch diese Boxen, in denen sich ein Telefongerät mit einem Hörer zum Abheben und einer Drehscheibe mit Nummern befand. Ich kramte mein Kleingeld zusammen, ging in die Telefonzelle, warf die Münzen in den Schlitz und wählte. Es dauerte nicht lange und schon hörte ich meine Mama am anderen Ende der Leitung. Ich erzählte ihr begeistert von meinem Erfolg, von der Kletterei hier, die so viel Spaß machte, und dass die Gegend hier einfach genial sei. Das bisschen Kleingeld, das ich in den Münzapparat eingeworfen hatte, war gleich verbraucht, und ich konnte meiner Mutter gerade noch auftragen, dass sie Papa grüßen und ihm von meiner ersten 7b berichten soll, dann war das Gespräch auch schon beendet. Von meinen Problemen mit dem Essen erzählte ich nichts.

Als wir nach einer Woche zurückkehrten, bemerkte ich den besorgten Blick meiner Eltern bei meinem Anblick. Ich sah wohl ziemlich erschöpft aus und hatte abgenommen, obwohl ich die Abendmahlzeiten, wie von Mike angeordnet, immer aufaß. Vermutlich kostete mich die körperliche und seelische Belastung aber viel Kraft. Möglicherweise waren auch meine damals noch nicht diagnostizierten chronischen Darmbeschwerden verantwortlich für meinen Zustand. Letztendlich war dieser erste Klettertrip der Schlüssel, der meine Essstörung enthüllte. Mike bat meine Eltern zu einem Gespräch und erklärte ihnen, weshalb er der Meinung sei, dass ich an Magersucht litt und ärztliche Hilfe bräuchte. Die Waage gab ihm Recht, denn ich brachte bereits fünf Kilogramm weniger auf die Waage als bei meinem Eintritt in das Wettkampfteam, und das, obwohl ich schon damals nicht gerade die Dickste war.

Wer ist stärker: die Magersucht oder ich?

Mike reagierte auf seine Weise auf diese Problematik: Er verbot mir zu klettern. Erst wenn ich wieder ein normales Gewicht hätte, dürfte ich wieder an den Start. Er war genauso besorgt um mich wie meine Eltern oder die Lehrerinnen und Lehrer an meiner Schule.

Dort war bereits bekannt, dass es in der Klettergruppe immer wieder Mädchen gab, die zu wenig aßen. Vor allem im Kochunterricht fiel das immer wieder auf. Alle zwei Wochen stand für uns dieses Fach am Stundenplan. Wir lernten, Mahlzeiten zu planen, zu kochen, und aßen die zubereiteten Speisen dann gemeinsam zu Mittag. Klar, dass ich mich dabei nicht mit besonders viel Appetit hervorgetan hatte. Das gefiel der Lehrerin gar nicht. Einmal sagte sie vor versammelter Klasse: „Typisch! Es sind immer die Kletterer, die nichts essen!"

Ich hatte keine Ahnung, welche Mädchen sie damit genau meinte. Vermutlich einige meiner Teamkolleginnen oder auch Athletinnen, die vor meiner Zeit bei Mike trainierten. Ein betroffenes Mädchen kannte ich, das ebenso stark unter einer Essstörung litt wie ich. Es war drei Jahre älter als ich, trainierte in der gleichen Gruppe von Mikes Team, besuchte jedoch eine andere Schule.

Probleme mit dem Gewicht hatten aber nicht nur die untergewichtigen, sondern insbesondere jene Mädchen, die nicht so schlank waren oder ein paar Pfunde zu viel auf die Waage brachten. Wobei zu viel relativ ist. Die Betroffenen wurden gern im lockeren Ton auf ihr Gewicht angesprochen, man gab ihnen zu verstehen, dass ein paar Kilos weniger fürs Klettern günstiger wären. Denn die superschlanken Kletterer wurden gern als Vorbild herangezogen. Das Thema Körpergewicht fand bei den Kletterern – zumindest in meinem Umfeld – große Aufmerksamkeit, es gab wenige, die mit ihrem Gewicht zufrieden waren. Erfreulicherweise hat es in diesem Punkt ein Umdenken gegeben, und der Klettersport hat sich weiterentwickelt. In meiner späteren Laufbahn und heutzutage scheint Gewicht jedenfalls kaum mehr ein Thema zu sein.

Mit dem Kletterverbot begann eine schwere Zeit für mich. Ich fühlte mich von Mike im Stich gelassen. Von meinen Eltern abgesehen, war er für mich die Person mit höchster Autorität. Daher war es für mich unfassbar, wie er mir das Klettern nehmen konnte, wo ich doch einzig und allein das befolgte, was der Erfolg und er als Trainer von mir verlangten. So sah die Situation jedenfalls aus meiner kindlichen Perspektive aus.

Heute verstehe ich Mikes strenge Methode. Er wollte mir auf seine Weise helfen, aus diesem Dilemma herauszukommen. Er zog eine Ernährungsberaterin zu Rate, die uns im Team die Grundsätze einer ausgewogenen und gesunden Ernährung lehren sollte. Mit ihrer Hilfe tastete ich mich schrittweise an eine erhöhte Nahrungsaufnahme heran. Meine Eltern standen fest zu mir, und Mama unternahm alles, damit ich wieder Lust auf Essen bekam. Wir gingen gemeinsam zum Einkaufen, damit ich selbst aussuchen konnte, was ich gern essen wollte; sie befolgte die Grundsätze der Ernährungsberaterin und kochte dementsprechend für mich. Das wöchentliche Lebensmittel-Shoppen machte mir richtig Spaß und das Essen war lecker. Mama war froh, dass ich allmählich wieder essen konnte. Ich wehrte mich nicht mehr dagegen.

Mike versicherte mir, dass ich durch mehr Gewicht mehr Kraft aufbauen würde und er mich unterstützen wollte, weiterhin große Erfolge feiern zu können: „Du willst ja kein Kinderstar sein, sondern Weltmeisterin werden. Das hast du jedenfalls einmal zu mir gesagt."

Für den Klettersport war ich bereit, vieles zu tun. Somit auch wieder zuzunehmen.

Neben meinen Eltern unterstützte mich auch die damalige Schuldirektorin Helga Überbacher. Sie liebte das Klettern genauso wie ich, und ich lag ihr sehr am Herzen, das spürte ich. Wie oft setzte sie sich für mich ein! Mikes radikale Methode des Kletterverbots gefiel ihr gar nicht, und so kam es regelmäßig zu heftigen Wortwechseln zwischen den beiden. Sie war wie ein Schutzschild für mich und ließ mich sogar ohne Mikes Wissen im schuleigenen Boulderraum klettern. Obwohl ich zunächst ein schlechtes Gewissen Mike gegenüber hatte, nahm ich das Angebot an. Ihr Rückhalt und Vertrauen wirkten sich sehr positiv auf mein Wohlbefinden aus. Ich spürte die aufkommende Freude und bemerkte, wie sehr mir das Klettern gefehlt hat. Die Bewegung tat mir gut und regte überdies meinen Appetit an. Auch im Nachhinein bedeutet es mir noch sehr viel, dass mich Helga auf diese sanfte, aber wirkungsvolle Weise unterstützt hatte.

Das Zunehmen fiel mir allerdings alles andere als leicht, so komisch das auch klingen mag. Für die meisten Menschen stellt sich das Problem ja eher andersherum, sie würden sich das ein oder andere Kilo weniger wünschen, während ich damals um jedes Pfund mehr auf der Waage rang. Heute finde ich das irgendwie lustig, aber damals war das alles andere als zum Lachen für mich. Denn trotz aller Bemühungen wollte mein Magen nicht aufhören zu streiken. Immer wieder plagten mich nach dem Essen starke Bauchschmerzen, oft musste ich deshalb einen Arzt aufsuchen.

Einmal spürte ich in der Schule nach einer kleinen Jause in der Pause ein starkes Ziehen in der Magengegend. Als die Glocke zum Unterricht läutete, eilte ich ins Klassenzimmer. Wie üblich standen wir zu Beginn der Stunde vor unseren Tischen, bis der Lehrer uns zum Sitzen aufforderte. Mensch, hatte ich Schmerzen. Ich wusste nicht, wie ich noch stehen sollte. Natürlich musste genau an diesem Tag einer meiner Mitschüler den Lehrer derart nerven, dass wir zur Strafe länger als üblich stehen mussten. Nach kurzer Zeit konnte ich die Schmerzen nicht mehr unterdrücken, sie zwangen mich in die Knie. Ich kapitulierte und sackte zusammen.

Sofort informierte der Lehrer meine Mutter, sie holte mich ab und brachte mich zum Arzt. Von ihm bekam ich Medikamente zur Magenberuhigung und musste mich eine Zeit lang hinlegen, bis sich meine Krämpfe beruhigten.

Damals dachte ich, dass diese Magen-Darm-Schwäche eben mein Schicksal sei und ich lernen müsste, mit diesen Schmerzen zu leben. Kleinkriegen lassen würde ich mich davon jedenfalls nicht.

Bis ich endlich richtig zugenommen hatte, vergingen noch viele, viele Tage. Gut Ding braucht eben Weile, und Geduld ist ein elementarer Lehrmeister. Nach einigen Monaten war es dann so weit: Der Zeiger an der Waage zeigte endlich wieder ein normales Gewicht.

Mike orientierte sich dabei am sogenannten Body-Mass-Index. Nach den Vorfällen in seinem Team setzte er sich dafür ein, dass dieser als Richtwert für die Zulassung zu Kletter-Wettkämpfen eingeführt wird. Jeder Kletterer, der unter dem gesetzten BMI-Wert lag, bekam Startverbot bei den österreichischen Wettkämpfen. Dies gilt heute noch, jedoch kommt der BMI leider außer in Österreich in nur wenigen Ländern zur Anwendung. Von einer internationalen Einführung wird zwar immer wieder gesprochen, sie wurde aber bislang nicht umgesetzt. Dabei wäre dies definitiv eine gute Maßnahme, denn sie schützt die Athleten vor dem Spiel mit dem Gewicht. Und gerade Kinder und Jugendliche brauchen diesen Schutz. Denn so wie ich damals als Nachwuchsathletin im Küken-Stadium streben viele junge Sportlerinnen und Sportler ehrgeizig nach Erfolg um jeden Preis. Ein Sportler nimmt eine Essstörung ja nicht zum Spaß in Kauf. Er will Erfolge feiern, seine Existenz sichern und von diesem Sport leben können. Das eigene Körpergewicht ist in vielen Sportarten wie eben auch im Klettern ein leistungslimitierender Faktor. Mit Hilfe eines geringen Körpergewichts versuchen die Athleten auf legalem Weg die Leistungskurve nach oben zu führen – allerdings geht dabei das labile gesundheitliche Gleichgewicht verloren.

Aus meiner Erfahrung heraus kann ich heute sagen, dass ein Mehr an Gewicht durchaus positive Effekte hat: Der Körper verträgt einen höheren Trainingsumfang, man fühlt sich mental wie körperlich leistungsfähiger und kann die aufgebaute Muskelmasse vor allem bei kraftbetonten Bewegungen vorteilhaft nutzen. Heute werden die Wettkampfrouten sehr kraftorientiert gebaut, Dynamik und Schnellkraft sind gefragt. Auch beim Felsklettern geht der Trend in Richtung steile, kraftbetonte Routen. Das erfordert Kraft, nicht nur in den Armen, sondern auch in den Beinen – und Muskelaufbau funktioniert nur bei ausreichender Nahrungszufuhr.

Das Körpergewicht von Athleten ist ein sehr sensibles Thema, das viel Fingerspitzengefühl und Empathie seitens der Trainer erfordert. Gerade pubertierende Mädchen mit schwachem Selbstvertrauen neigen eher zu problematischem Essverhalten. In dieser Phase gibt es für viele Mädchen nichts Schlimmeres, als ständig mit Kritik an ihrem Gewicht – sei es zu viel oder zu wenig – konfrontiert zu werden. Persönlichkeiten mit ausgeprägtem Selbstbewusstsein – und die sind in der Regel eher bei den Männern zu finden – gehen gelassener mit ihrem Gewicht um und erkranken in der Regel seltener an Essstörungen.

Obwohl die Kontrolle des BMIs prinzipiell eine gute und sinnvolle Maßnahme ist, waren die Gewichtsmessungen übertrieben, die Mike ab der Einführung des BMI in seinem Kletterteam nun jede Woche donnerstags vornahm. Mir kam dieser „Abwiegetag" wie ein Volksfest vor, bei dem sich alle Teammitglieder neben der Waage versammelten und jeder Athlet sein Gewicht zur Schau stellen musste. Je nachdem, wie der Zeiger ausschlug, fielen natürlich auch die Kommentare aus. Meine Freundin Tatjana zum Beispiel kämpfte mit zu hohem Gewicht. Na ja, was heißt schon zu hohes Gewicht? Es waren vielleicht ein paar Pfunde zu viel für den Klettersport oder, besser gesagt, für Mikes Vorstellungen von einem idealen Wettkampfgewicht. Oft musste sie sich beim Blick auf die Waage vermeintlich witzige Bemerkungen anhören. Meistens steckte sie diese Sprüche cool weg, aber an einem Tag kam sie weinend und mit gesenktem Kopf auf mich zu. Wütend und traurig zugleich teilte sie mir mit, dass sie jetzt endgültig Schluss mache mit dem Klettern. Dabei taugte ihr das Klettern extrem gut, sie hatte immer Spaß daran. Aber sie wollte es sich einfach nicht mehr länger gefallen lassen, an jedem Donnerstag bei der Gewichtskontrolle ausgelacht zu werden. Sie sei halt nicht so dünn wie die anderen, meinte sie, und habe es satt, deswegen gehänselt zu werden. Die Waage mache für sie alles kaputt. Geschockt und unfähig, etwas zu sagen, stand ich neben ihr und fühlte ganz unmittelbar den Schmerz und die Wut, die sie empfand. Wie gut konnte ich ihre Lage verstehen! Mikes Reaktionen auf das leidige Thema Gewicht kannten wir alle. Entweder ließ er sich zu lustig gemeinten Kommentaren hinreißen, wenn jemand seiner Meinung nach zu viel auf die Waage brachte, und wies einen an, dass man doch besser abnehmen sollte, oder er forderte einen mit fester Stimme auf, zuzunehmen. Egal zu welcher Gruppe man gehörte: Man fühlte sich schnell bloßgestellt.

Tatjana hörte tatsächlich mit dem Klettern auf, und sie war nicht die Einzige aus unserem Team. Mir fehlte sie sehr, aber ich verstand ihre Entscheidung. Ich fand mit Unterstützung meiner Eltern und der Ernährungsberaterin meinen eigenen Weg aus der Krise, ohne das Klettern aufzugeben. Dazu war es mir viel zu wichtig. Da ich gerade mal zwölf Jahre alt war, als ich in die Magersucht schlitterte, und die monatliche Menstruation bei mir noch nicht eingetreten war, genügte eine Gewichtszunahme, um mein körperliches Gleichgewicht wiederherzustellen.

Anders verlief der Heilungsverlauf bei einer anderen Teamkollegin, die ebenso an einer Essstörung litt wie ich. Sie befand sich bereits in der puberalen Phase der weiblichen Entwicklung. Bedingt durch die exzessive Hungerei blieb bei ihr die monatliche Blutung aus. In der medizinischen Terminologie spricht man in diesem Fall von einer sekundären Amenorrhoe, der ein gestörter Hormonhaushalt zugrunde liegt. Da das weibliche Hormon Östrogen mitverantwortlich für das Knochenwachstum ist, gefährdet das Ausbleiben der Menstruation in der Pubertät den Aufbau der Knochendichte – mit der möglichen Konsequenz einer drohenden Osteoporose. Meine Teamkollegin musste sich einer aufwendigen Hormontherapie unterziehen, um die monatliche Blutung wieder einzuleiten. Erfreulicherweise befolgte sie die Schritte der Behandlung und führt heute ein zufriedenes und kletterreiches Leben.

Ich hatte das Glück, dass ich in einem Umfeld aufwuchs, das auf meine Magersucht rasch reagierte, noch bevor es zu ernsthaften und womöglich dauerhaften Schäden kam. Dadurch trug ich die Essstörung nur etwa einundhalb bis zwei Jahre mit mir herum, ohne weitere gesundheitliche Konsequenzen. Dafür bin ich heute sehr dankbar, denn ich weiß, dass ich gerade noch rechtzeitig die Kurve gekratzt habe. Denn ich erkannte, dass ich einen hohen Preis für den Erfolg in Kauf nahm und diesen schlussendlich mit der falschen Währung bezahlte. So endete meine Karriere nicht schon frühzeitig, sondern ich erlebte noch eine lange, erfolgreiche Laufbahn mit schönen Siegen. Und genau das war mein Ziel.

Bis heute leide ich an chronischen Magen-Darm-Beschwerden und bestimmten Nahrungsmittelunverträglichkeiten. Ich versuche, sehr bewusst in mich hineinzuhören, was meinem Körper guttut und was nicht. Das gelingt mir weitgehend, wenngleich mich die Auswahl der Lebensmittel gerade auf Reisen manchmal vor eine Herausforderung stellt. Ob ein Zusammenhang besteht zwischen meinen Unverträglichkeiten als Kleinkind, der Magersucht später, dem Druck, den ich mir oft selbst auferlege, und meinen Magen-Darm-Entzündungen heute, ist ungeklärt. Ich halte es aber für sehr wahrscheinlich. Mittlerweile habe ich gelernt, damit umzugehen und es als Teil meines Lebens zu akzeptieren. Alles im Leben hat seinen Sinn, denke ich mir. Durch meine eigenen Erfahrungen ist mir ein sensibler, verantwortungsbewusster Umgang mit jungen Athletinnen und Athleten ein großes Anliegen. Es ist nicht zu unterschätzen, welchen Einfluss Autoritätspersonen auf Kinder haben können. Ich hoffe, ich kann junge Heranwachsende positiv stimulieren, eine gesunde Perspektive zu ihrem Körper und ihrem Leben zu entwickeln. Sie sollen lernen, dass ihr Selbstwert nicht von Aussehen oder erbrachten Leistungen abhängen darf. Das Schöne am Klettersport ist, dass jeder seinen Weg nach oben finden kann, egal ob groß und kräftig gebaut oder klein und zierlich. Ich muss den Wert an jenen Eigenheiten erkennen, die mich auszeichnen, und akzeptieren, wie und wer ich bin.

Auszeit und Rückkehr

Als ich etwa 15 Jahre alt war, verlor auch ich vorübergehend die Freude am Klettern. Ich fühlte mich durch die ständige Gewichtskontrolle im Training eingeschränkt und gemaßregelt und suchte mehr Freiheit. Deswegen widmete ich mich nun vermehrt anderen Sportarten wie Bergsteigen und Radfahren. Mit meinem Vater erlebte ich in dieser Phase mehrere großartige Gipfelsiege in unseren heimatlichen Bergen. Wir stiegen beispielsweise gemeinsam auf den 2971 Meter hohen Wildgrat, wo sich ein fantastischer Tiefblick auf das Pitztal sowie ins benachbarte Ötztal und ins Inntal bietet.

Bis heute liebe ich das Gebiet rund um die Muttekopfhütte in meiner Heimatregion Imst – nicht nur zum Klettern, sondern auch zum Seele-baumeln-Lassen.

Die Bergtour auf die 2733 Meter hohe Dremelspitze in den Lechtaler Alpen gehört ebenso zu meinen besonderen Erlebnissen in dieser Zeit. Nachmittags brachen wir auf und marschierten in etwa drei Stunden bis zur gemütlichen Steinseehütte. Dort übernachteten wir und setzten am nächsten Morgen unsere Bergtour Richtung Gipfel fort. Wir durchquerten idyllische Almwiesen, kraxelten die steinigen, oft ausgesetzten Wege hinauf und erreichten problemlos den höchsten Punkt. Bedingt durch die Erfahrungen, die ich vom Klettern mitbrachte, meisterte ich trittsicher und schwindelfrei die heiklen Passagen. Auch an Ausdauer mangelte es mir nicht, im Gegenteil, es machte mir Spaß, mich so frei und ungezwungen bewegen zu können. Ich fühlte mich wie ein Fohlen, das endlich Auslauf bekommt.

Mein Vater war ebenso begeistert von diesen Bergtouren. Anders als ich bestieg er fast alle Gipfel bei uns, manche sogar mehrmals. Wohin er auch blickte, er kannte die Berge, wusste ihre Namen und die Höhe. In dieser Zeit eroberten wir gemeinsam noch viele weitere Gipfel, vor allem in der Gegend um Imst. Heute noch ist die Gegend um die Muttekopfhütte in den Lechtaler Alpen mein absoluter Favorit, wenn es um Lieblingsplätze in den Bergen geht. Auch das Biken faszinierte mich. Egal ob auf kurzen, knackigen oder langen Ausdauer erfordernden Strecken: ich trat gern in die Pedale. Oft begleitete ich meine Kollegin Verena Schmidthaler aus Imst, die zu Trainingszwecken regelmäßig mit ihrem Bike unterwegs war. Sie bestritt damals Wettkämpfe im Skisport und trainierte in einem Kader. Wenn sie gerade eine – für sie – einfache Bike-Einheit absolvierte, rief sie mich an, und ich eilte zur Stelle. Gelegentlich fuhr ich auch allein kreuz und quer durch die Gegend, jedoch großteils auf sicheren Radwegen.

Einmal wollte ich unbedingt das 40 Kilometer lange Pitztal „bezwingen". Das klingt nicht weiter schwer, wären da nicht die 1400 Meter Höhendifferenz von der Mündung ins Inntal bis zum Talschluss. Ich startete in Arzl und wollte die kurven- und verkehrsreiche Strecke bis nach Mandarfen-Mittelberg, dem letzten Ort im Tal, befahren. Die Fahrt empfand ich als aufregend und unangenehm zugleich. Mich nervten die drängelnden Autofahrer hinter mir, die nicht selten gefährliche Überholmanöver riskierten. Da ich selbst noch keinen Führerschein besaß, hatte ich damals kein Verständnis für die-

Im Nahbereich der Muttekopfhütte gibt es lohnende Sportkletterrouten wie zum Beispiel „Gaudimax" (7c) im Sektor Eisenhut.

se gestressten Lenker. Heutzutage sehe ich das mit anderen Augen, denn ich fühle mich als Autofahrerin eher verunsichert, wenn Radfahrer auf einer kurvenreichen, engen und stark befahrenen Straße unterwegs sind. Wenn ich sie überhole, dann sehr vorsichtig und mit genügend Sicherheitsabstand. Ein weiteres nerviges Problem bei meiner Biketour damals waren die nicht beleuchteten Tunnel. Ich hatte wirklich Angst, dass mich ein rasanter Autofahrer in dieser Dunkelkammer übersehen könnte und mich niederfahren würde. Zum Glück ist nichts passiert.

Gegen Ende der Tour kämpfte ich mit meinem Geduldsfaden, der zu reißen drohte. „Wie viele Orte kommen denn da noch?", fragte ich mich genervt.

Die nächste Ortschaft wird wohl Mandarfen sein", flüsterte ich mir dann selbst zur Beruhigung zu. Typischer Fall von Wunschdenken. Nach der nächsten Ortschaft kam noch eine. Und noch eine. „Aber jetzt muss endlich Mandarfen kommen." Von wegen!

Ich hätte nie geglaubt, dass dieses Tal so viele kleine Siedlungen hat und dass selbst fünf Häuser ihren eigenen Namen tragen. Die Strecke setzte mir an diesem Tag jedenfalls ordentlich zu. Obwohl die Nerven bloß lagen und ich schon ans Aufgeben dachte, trat ich eifrig weiter in die Pedale und hielt tapfer durch, bis ich tatsächlich das gewünschte Ziel erreichte. Die Freude darüber wandelte schließlich meine aufgeheizte Stimmung in positive Gefühle um. Gut gelaunt rollte ich das Tal hinaus, wieder retour nach Hause.

Ich genoss diese neuen sportlichen Erfahrungen und tobte mich aus. Und wenn ich mal keinen Bock auf Bewegung hatte, verabredete ich mich mit Freunden oder verbrachte Zeit mit meiner Familie. Nach einer Weile spürte ich aber, dass mir trotz der schönen Momente, die ich erlebte, etwas fehlte. Ich vermisste das Klettern.

Mein Interesse an Geselligkeit und Ausdauersport begann sich zunehmend der X-Achse zu nähern. Am Nullpunkt angelangt, packte mich die innere Unruhe und ich beschloss, wieder regelmäßig zum Klettern zu gehen. Als ich meinem Vater diesen Entschluss mitteilte, rückte er zur Stelle wie ein Rekrut vor dem Hauptmann und bot mir an, mich zu sichern, wann immer ich ihn bräuchte. In der Tat brauchte ich ihn, denn alle meine ehemaligen Teamkolleginnen und -kollegen hatten sich inzwischen vom Wettkampfklettern distanziert und gingen ihre eigenen Wege. Vermutlich empfanden sie irgendwann dieselbe rebellische Aufbruchsstimmung wie ich und sehnten sich nach größerem Freiraum in dieser Phase des Umbruchs und der persönlichen Neuorientierung.

In meinem Umfeld fand ich also keine Gleichgesinnten meines Jahrganges mehr. Mittlerweile waren neue, junge Athleten in Mikes Team gekommen, deren Kletterniveau noch ein Stück weit unter meinem lag. Das beflügelte nicht gerade meine Motivation, wieder in Mikes Team zu trainieren. Mit einem etwa gleich starken Partner macht das Training einfach mehr Spaß, und es fördert die gegenseitige Entwicklung in viel höherem Maß. Daher beschloss ich, quasi als außerordentliches Teammitglied selbstständig und nicht mehr in der Gruppe zu trainieren. Mike war damit einverstanden.

Mit dieser Situation kam ich gut klar, zumal ich im Jahr 2001 den Besuch der Sport-Hauptschule in Imst beendete und ins Sportborg (Bundesoberstufenrealgymnasium für Sport) nach Innsbruck wechselte, das sehr gute Rahmenbedingungen bot, Leistungssport und Schule unter einen Hut zu bringen.

Täglich pendelte ich nun mit dem Zug vom Bahnhof Imst in die Landeshauptstadt, denn zum Aufenthalt in einem Internat konnte ich mich nicht überwinden. Ich liebte unsere ländliche Umgebung und wollte schlichtweg nicht in der Stadt leben. Aus diesem Grund und wegen der vielen Vorteile, die mir dieser auf Leistungssport ausgerichtete Schulzweig ermöglichte, nahm ich das tägliche Pendeln in Kauf.

Im Vergleich zu einem herkömmlichen Gymnasium profitierten wir Schüler von einer geringeren Anzahl an Wochenstunden, hatten bis auf einmal pro Woche nachmittags unterrichtsfrei und somit Zeit, um zu trainieren. Zudem bekamen wir eine Sondergenehmigung zur Freistellung vom Schulunterricht, wenn wir länger auf Wettkämpfen oder auf Trainingslehrgängen waren. Ein weiterer Pluspunkt war für mich das sogenannte Frühtraining, das zweimal die Woche von 7:30 Uhr bis 9:00 Uhr vor dem Schulunterricht stattfand.

Die Klassen bestanden aus den unterschiedlichsten Sportlern: Fußballer, Schwimmer, Judoka, Ringer, Tennisspieler, Eisschnellläufer, Leichtathleten und was man sich nur vorstellen kann. Jeder Athlet konnte entweder das von der Schule angebotene Morgentraining annehmen oder dieses Frühtraining in seinem eigenen Verein absolvieren. Für die Kletterer wurde Reinhold Scherer als Trainer beauftragt. „Reini", wie ihn alle nennen, zählte zu den besten Kletterern in Österreich. Er war bekannt für sein technisches Können und hatte einen ausgezeichneten Ruf als Klettertrainer. Ich zögerte keine Sekunde und schrieb mich in sein Klettertraining ein. Von diesem Zeitpunkt an nahm er in meiner weiteren Karriere eine wichtige Rolle ein.

Gerade im klettertechnischen Bereich profitierte ich sehr von seiner Unterstützung. Meine Vorliebe und Stärke war bis dahin die kontrollierte Ausführung von Kletterbewegungen, die ich mit einer sauberen Technik sicher und ohne Springen bewältigen konnte. Beim sogenannten dynamischen Klettern und vor allem bei Sprüngen gab es noch einige Luft nach oben, um mich weiterzuentwickeln. Hier musste ich lernen, den Griff los- und mich auf die Bewegung einzulassen. Schrittweise führte Reini mich an dieses Ziel heran und nahm mir schließlich meine Unsicherheit und mein Zögern. Er half mir im wahrsten Wortsinn auf die Sprünge! Ich begann entschlossener zu klettern, selbstbewusster.

Dieses individuell abgestimmte Training war unglaublich wertvoll für mich, wenngleich es meinen Willen manchmal ordentlich auf die Probe stellte. Denn manchmal musste ich die Züge bis zu hundert Mal wiederholen, um mir die neue Technik einzuverleiben. Letztendlich profitierte ich aber von diesem Boulder-Training auch beim Routenklettern enorm.

Gleichzeitig genoss ich den Luxus, von meinem Vater gesichert zu werden. Er stand einfach da und sicherte; unermüdlich und wortlos ließ er mich klettern, was immer ich wollte, damit ich meinem inneren Drang und meiner Leidenschaft freien Lauf lassen konnte.

Diese starke Bindung zwischen meinem Vater und mir hängt bestimmt auch damit zusammen, dass er schwer erkrankte, als ich zwölf Jahre alt war, und wir Angst hatten, ihn zu verlieren. Ein Kavernom, ein sogenannter Blutschwamm im Kopf hatte eine Hirnblutung verursacht, die zum Glück schnell bemerkt worden war und somit keine Dauerschäden zur Folge hatte. Jedoch musste der Blutschwamm so weit wie möglich entfernt werden, und das war mit einer riskanten Operation verbunden.

Die Angst, die ich am Tag des Eingriffs empfand, steckt noch heute tief in mir drinnen. Wir zündeten eine Kerze an und beteten, dass alles gut ausgehen möge – und er hatte tatsächlich Glück, auch wenn er nicht vollständig geheilt werden konnte.

Dieses tragische Ereignis verband mich noch mehr mit meiner Familie, die mir alles bedeutet. Sie war mein Anker, der mir Halt gab. Damals begriff ich, was für ein kostbares Kapital Gesundheit ist und was für ein Privileg, gesund im Leben zu stehen. Seit dieser Zeit war es mir besonders wichtig, viel Zeit mit Papa zu verbringen, und umgekehrt wäre er für mich durchs Feuer gegangen.

Inspirierende Begegnungen

Eines Tages begleitete mich mein Vater wie so oft in die Kletterhalle Imst. Dort traf ich das tschechische Kletterteam und beobachtete, mit welcher Begeisterung und Motivation sie gemeinsam trainierten. Gegenseitig feuerten sie sich an, zogen Routen für Routen. Und sie hatten Spaß daran! Oft gab ein Scherzwort das andere, es wurde gewitzelt, gekichert und gelacht.

Die Tschechen kamen fast jedes Wochenende zu uns nach Imst, um die besseren Trainingsbedingungen zu nutzen. Die kleinen bescheidenen Kletterwände und Boulderräume in ihrer Region ließen damals noch sehr zu wünschen übrig. Deswegen nahm das dreiköpfige Team, bestehend aus Tereza Kysilkova, Jan Zbranek und Petr Solansky, diese lange Reise so oft in Kauf.

Was für eine bedeutende Rolle die Eltern im Kinder- und Jugendsport einnehmen, zeigte auch Terezas Vater, der für diese Trainingsfahrten stets den Fahrdienst übernahm. Jedenfalls lohnte sich dieser Aufwand, denn dieses Team war hochmotiviert!

Tereza war ein bildhübsches, zierliches, aber dennoch groß gewachsenes Mädchen mit goldblonden Haaren. Sie war immer freundlich, strahlte viel positive Energie aus. Auch beim Klettern war ihre Harmonie zu spüren, sie hatte wirklich Talent und trainierte dazu eifrig. Nicht umsonst gehörte sie zu den Besten in ihrer Jugendklasse. Alle zwei Jahre teilten wir uns dieselbe Alterskategorie im Wettkampf, da sie ein Jahr jünger war als ich.

Mit Jan und Petr bildete sie ein perfektes Team. Alle drei schienen den Wettstreit miteinander zu genießen. Während sich Petr irgendwann vom Leistungssport verabschiedete, blieb Jan bis heute dem Wettkampfklettern treu. Mittlerweile nicht mehr als Akteur, sondern als internationaler Routenbauer. Auch am Fels verbuchte er beachtliche Erfolge. Darunter die legendäre Route „Bellavista" von Alexander Huber, eine der schwierigsten Routen in der Nordwand der Großen Zinne in den Dolomiten. Jan treffe ich noch immer regelmäßig in den Kletterhallen, wenn er neue Routen schraubt. Damals in Imst wirkten seine Begeisterung und Motivation ansteckend und inspirierend auf mich. Wann immer es ging, schloss ich mich dem Training der Tschechen an.

Mir tat es sehr gut, wieder in einem Team mit gleich starken Athleten trainieren zu können, aber wir profitierten alle davon, tauschten uns aus, pushten uns gegenseitig und hatten viel Spaß. Mir verpasste diese neue Situation einen massiven Motivationsschub, und ich spürte, wie sehr mich das Klettern begeisterte und wie tief diese Leidenschaft in meiner Persönlichkeit verankert ist. Die Auseinandersetzung mit komplexen Bewegungsaufgaben, in der ich meiner kreativen Ader freien Lauf lassen kann und so meinen Körper und Geist in Einklang bringe, fasziniert mich am Klettern bis heute.

Die Trainingsmaterie begann mich mehr und mehr zu interessieren. Ich kaufte mir Bücher, damit ich mir autodidaktisch die spezifischen Prinzipien einer langfristigen Leistungsentwicklung aneignen konnte. Konsequent studierte ich diese und schrieb mir das heraus, was meines Erachtens brauchbar war. Besonders inspirierend waren auch Lehrgänge mit erfolgreichen Spitzenkletterern, die Mike nach Imst einlud, damit sie uns trainierten.

Für mich waren es immer ganz besondere Momente, meinen Idolen persönlich zu begegnen. Oft war ich am Anfang eines Lehrgangs vor lauter Respekt und Hochachtung so schüchtern, dass ich keinen einzigen Satz herausbrachte. Erst als Mike uns und besonders mich aufforderte, die Profis ruhig alles zu fragen, was uns in den Sinn kam, habe ich sie mit Fragen förmlich bombardiert. Wie ein gieriger Vampir saugte ich das Wissen aus ihnen heraus und schrieb ihre Antworten umgehend nieder. Diese Notizen hütete ich wie einen Schatz in sauber geordneten Mappen, die ich heute noch habe.

Neben diesen Aufzeichnungen, die ich immer wieder zur Hand nahm, hortete ich dort auch Autogramme von Robyn Erbesfield-Raboutou, François Legrand, Muriel Sarkany, Martina Cufar, Aljoša Grom, Tomo Česen, Simon Wandeler und wie sie alle hießen, die uns trainierten.

Bei diesen Workshops lernten wir zum Beispiel, uns richtig für eine Klettereinheit oder eine spezifische Wettkampfroute aufzuwärmen. Zudem testeten wir verschiedene Trainingsprogramme aus. Jeder dieser Elitekletterer nutzte im Grunde dieselben Trainingsprinzipien. Abweichungen fand ich lediglich in den spezifischen Ausführungsformen, wenn jemand beispielsweise eine Serie mehr machte oder die Pausen anders gliederte. Dennoch gab es in Taktik und Strategie große individuelle Unterschiede, von deren Vielfalt wir profitierten.

Die amerikanische Kletterin Robyn Erbesfield-Raboutou war damals eines meiner größten Idole. Sie gewann 1995 die Weltmeisterschaft und viermal den Gesamtweltcup von 1992 bis 1995. Mit einer Körpergröße von nur 1,52 Metern zeigte sie, dass auch kleine Kletterinnen ihren Weg auf das oberste Treppchen finden. Aufsehen erregte Robyn, als sie sieben aufeinanderfolgende Weltcups für sich entschied. In meiner späteren Karriere sollte ich diesen Rekord zwischen 2004 und 2007 gleich zweimal erreichen. Heute leitet Robyn das „ABC Climbing Team" in Boulder, Colorado.

Der dreifache Weltmeister (1991, 1993 und 1995) François Legrand war zu seiner Zeit das Maß der Dinge in der Kletterwelt. Er war bekannt für seinen „starken Kopf", denn er legte großen Wert auf den mentalen Bereich. Bei den Trainingslehrgängen erzählte er uns, dass er in seinem Boulderraum an etwa 50 verschiedenen Bouldern von einer Länge zwischen fünf und 40 Zügen übte, wobei er keinen Zug davon je markierte.

„Bei Wettkämpfen ist das Merken der Griffe und Tritte von entscheidender Bedeutung und ihr müsst lernen, die Bewegungsabläufe im Kopf abzuspeichern", erklärte er uns.

„Und wie gelingt dir das während der kurzen Besichtigungszeit von nur sechs Minuten?", fragte ich neugierig.

„Bleib bei der Besichtigung nicht auf demselben Platz stehen! Bewege dich in Schritten mal nach hinten, dann nach vorne oder gehe zur Seite. So bringst du deinen Geist in Schwung!", riet er mir. Diesen mentalen Fokus setzte er später, wie es mir schien, auch beim Routensetzen für internationale Wettkämpfe um. François erzählte mir einmal, dass er eine exakte Vorstellung von der Wettkampfroute im Kopf habe und genau dieses Bild an die Wand produziere.

Simon Wandeler, dem Schweizer Spitzenkletterer und Bronzemedaillengewinner beim Weltcup in Kranj 1998, schrieb ich hingegen die Rolle des Taktikers zu. Er riet mir, die Route präzise zu mustern und die Positionen genau zu planen, wo die Schlingen einzuhängen sind oder an welchen Stellen ich rasten könnte. Bei den Wettkämpfen sah ich Simon seltener als Teilnehmer, sondern häufig in der Rolle des Routensetzers. Als internationaler „Schrauber" liebte er es, die Kletterer ins Ungewisse zu führen. Meistens verwendete er beim Routensetzen Griffe, die auf den ersten Blick scheinbar an mehreren Stellen zu halten waren, wobei aber nur eine einzige Stelle wirklich guten Halt bot. Damit gestaltete er auch die Trainingsrouten bei den Lehrgängen und zwang uns so, die Griffe vor der Bewegung genau unter die Lupe zu nehmen.

Als ich ihn einmal fragte, wie schwer denn die Route sei, sagte er mit sicherer Stimme: „So schwer, wie du sie kletterst! Du kannst den leichtesten oder den schwersten Weg wählen." Erklärend fügte er hinzu, dass meine

Taktik, also an welcher Stelle ich meine Arme ausschüttele, um wieder Kraft zu tanken, oder von welchen Griffen aus ich die Sicherungspunkte einhänge, entscheidend sei. Anders Aljoša Grom. Er antwortete mit einem Lächeln im Gesicht auf dieselbe Frage: „Wenn die Griffe klein sind, ist die Route leichter, und wenn die Griffe größer sind, wird die Route schwerer!" Er musste es ja wissen. Schließlich verfolgte er nach seiner aktiven Karriere im Wettkampfsport, wo er unter anderem beim Weltcup in Imst 1997 die Bronzemedaille holte, eine Laufbahn als Routenbauer und gründete das Unternehmen „Lapis", das Klettergriffe produziert. Aljoša trainierte damals gemeinsam mit seiner Teamkollegin Martina Cufar, die sich im Jahre 2001 zur Weltmeisterin krönte. Sie winkte bei Weltcups regelmäßig vom Podest und nicht selten von ganz oben. Sowohl Aljoša als auch Martina wurden wiederum von Tomo Česen betreut. Sie kamen geschlossen als Team zu uns nach Imst, um uns ihr Trainingswissen zu vermitteln.

Die verblüffendste Erkenntnis, die ich aus den Trainingslehrgängen mitnahm, verdanke ich aber der damaligen Weltranglisten-Ersten Muriel Sarkany aus Belgien. Mich interessierte, wie viele Klimmzüge eine Kletterin schaffen muss, um an die Weltspitze zu gelangen. Mit großen Augen antwortete sie: „Ich schaffe zehn. In guten Zeiten gelingen mir vielleicht 15!"

Diese Antwort brachte einen in Stein gemeißelten Grundsatz zu Fall. Von Mike und anderen Kletterern wurde uns nämlich gelehrt, dass Klimmzüge das wichtigste Krafttraining beim Klettern sind. Also zog ich, wie vom Teufel geritten, Klimmzug für Klimmzug, mehrmals die Woche. Bei 50 am Stück lag meine damalige Bestmarke.

„War das alles umsonst?", fragte ich mich verwundert. „Die kleine, muskulöse und durchtrainierte Muriel klettert mir um die Ohren, und ich verblase sie bei den Klimmzügen? – Das kann doch nicht wahr sein."

Muriel zählte zu meinen größten Idolen, ich bewunderte ihre Erfolge. Schließlich entschied sie gleich fünfmal den Gesamtweltcup für sich und gewann im Jahre 2003 die Weltmeisterschaft in Chamonix. Sie war gerade mal 1,54 Meter groß, also genauso groß wie ich, und das gab mir Zuversicht, dass auch ich die Chance hatte, eines Tages gemeinsam mit der goldenen Medaille vom Podest zu strahlen.

Zu Muriel habe ich eine besondere Verbindung, da ich einerseits bei mehreren Wettkämpfen neben ihr um den Sieg kämpfte, andererseits weil ich sie heute noch gelegentlich am Fels beim Klettern treffe.

Die Trainingsworkshops mit erfolgreichen Kletterern, die Mike damals für uns organisierte, brachten mir viel. Finanziert wurden sie von Sponsoren, die er ins Boot holte. Diese Partner übernahmen auch die Aufwendungen für unsere Fahrten zu Wettkämpfen. Zudem versorgten sie uns bestens mit diverser Kletterausrüstung wie Schuhe, Gurte und Seile. Dieses Fundraising beherrschte Mike sehr gut, und mit dieser Organisationsarbeit hielt er seinen Athleten den Rücken frei – auch mir, obwohl er mich nicht mehr aktiv trainierte.

Mit Kopf durch die Wand

Mit den Anregungen aus diesen Trainingsworkshops und der Lektüre verschiedener Bücher stellte ich mir mit der Zeit meinen ganz individuellen Trainingsplan zusammen. Ich versuchte herauszufinden, welche Methoden zu mir passten und welche nicht. Anhand der Sammlung aller Erkenntnisse und Meinungen legte ich mir eine genaue Trainingsstruktur zurecht und plante einen Drei-Phasen-Zyklus. Jede dieser drei Phasen dauerte drei Wochen. Die ersten drei Wochen waren die sogenannte Vorbereitungsphase, in der ich in zwei Einheiten pro Woche je zehn für mich mittelschwere Routen spulte. Dazwischen legte ich eine kurze Pause von fünf bis zehn Minuten ein. Mit dieser Methode zielte ich darauf ab, eine spezifische Grundlagenausdauer im Klettern zu entwickeln.

Zusätzlich baute ich zwei Einheiten zur Kraftsteigerung ein. Hier übte ich selbstständig etwa 60 bis 90 Minuten lang schwere Boulderzüge, meistens solche, die mir Reini vorgegeben hatte. Anschließend entleerte ich meine Energien in einem Block mit je vier Serien von Klimmzügen, Liegestützen, Dips und Bauchmuskelübungen.

Auf diese Vorbereitungsphase folgte die Kraftausdauer-Phase. Hier reduzierte ich den Routenumfang, während ich die Intensität steigerte. Zwei Klettereinheiten bestanden aus Routentraining, wo ich acht schwere Routen durchzusteigen versuchte. Zwischen den Routen pausierte ich zehn bis 15 Minuten, um mich von meinem ermüdeten Zustand zu erholen. In zwei weiteren Einheiten trainierte ich wieder etwa 60 bis 90 Minuten lang diverse Boulder mit konditionellem und technischem Schwerpunkt.

Die letzte Phase dieses Drei-Phasen-Zyklus nannte ich die Projektphase. Hier reduzierte ich nochmals den Umfang und erhöhte die Intensität um eine weitere Spur. Dieser Trainingsrhythmus gleicht dem Wettkampftraining. Der mentale Aspekt bekam hier eine große Bedeutung, denn ich versuchte, meine optimale Leistungsfähigkeit zur vollen Entfaltung zu bringen. Das hieß vollste Aufmerksamkeit bei der sechsminütigen Besichtigung der Route und volle Konzentration beim Klettern.

Drei Routen an meinem Limit mit Pausen bis zu 40 Minuten bestimmten zwei Einheiten in dieser Phase. Weitere zwei Einheiten bestanden diesmal aus weniger intensivem Bouldern. Hier wählte ich acht Boulder aus, die ich je dreimal versuchen durfte. Wichtig dabei war, dass ich – egal, ob nach einem missglückten oder nach einem gelungenen Versuch – erst wieder einstieg, wenn ich mich vollständig erholt fühlte. In diese Einheiten integrierte ich gezielt und für mich passend die eingesaugten Empfehlungen meiner Vorbilder. Ausgleich zum Klettern fand ich gelegentlich beim Laufen oder Radfahren.

Ich liebte das Spiel mit der Trainingsplanung und fand schnell heraus, was sich bewährte und welche Einheiten ich getrost zu den Akten legen konnte. Bei der Leistungsentwicklung wählte ich einen langsamen, durchdachten Aufbau. Man kann hetzen, um schnell an die Spitze zu kommen, aber dabei riskiert man, die regenerierenden Quellen zu übersehen, brennt aus, die Langsameren ziehen schließlich an einem vorbei, und man hat das Nachsehen. Das wollte ich vermeiden, deswegen arbeitete ich Schritt für Schritt.

In dieser Zeit tauschte ich meine angenehmen Kletterschuhe, die quasi meiner normalen Schuhgröße entsprachen, gegen kleinere aus. Eng anliegende, eigentlich zu kleine Schuhe garantieren eine bessere Feinmotorik, hieß es, also quetschte ich meine Füße in ballerinaähnliche Patschen, die meine Zehen beim Klettern ordentlich peinigten. Schmerzhafte Druckstellen entstanden. Diese rissen gelegentlich ein, es entstanden die bekannten „Hühneraugen". Und ich sage dir, die tun richtig weh. So weh, dass ich nach jeder Route sofort meine Zehen aus den Kletterpatschen befreite.

Im Grunde heißt es beim Training durchhalten, aber das ist nicht immer der Weisheit letzter Schluss. Ich konnte den Quälgeistern nicht permanent die kalte Schulter zeigen. Der Schmerz würde mich einholen, und es drohten weitere Unannehmlichkeiten, wenn ich nicht reagierte. Also verordnete ich meinen Füßen regelmäßig einen Barfußlauf und eine Massage. Denn Durchhalten setzt Wohlbefinden voraus und Wohlbefinden kommt nicht von ungefähr, es ist das Verdienst permanenter Fürsorge. Diese Lektion hatte ich nach mehreren Durststrecken gelernt.

Neben den geschundenen Füßen gehören bis zu einem gewissen Maß auch Wunden an den Fingern zum Klettern dazu. Die künstlichen Klettergriffe, insbesondere wenn sie neu sind und noch volle Reibung haben, schrubben die Haut an den Fingern ab wie eine Feile das Holz. Gute Reibung ist für uns Kletterer aber wichtig, damit wir uns halten können, und dazu brauchen wir auch trockene Finger. Wenn man aufgeregt ist, es heiß ist oder schlicht, weil man sich anstrengt, werden die Hände aber schweißfeucht. Aus diesem Grund verwenden wir Kletterer ähnlich wie die Turner Magnesia, das wasseraufsaugend wirkt. In Stresssituationen kann das wiederholte Greifen in den Magnesiabeutel aber auch eine Angewohnheit sein, die zur Beruhigung der Nerven oder als Mittel der Konzentration dient. Das viele Magnesium und die permanente Belastung schaden jedoch der Haut, und sie braucht manchmal Tage, bis sie sich von den Schrunden und Schmerzen regeneriert. Deshalb achte ich auf eine regelmäßige Pflege meiner Finger und Hände. Gleich nach dem Klettern feile ich die Schrunden ab, wasche meine Hände und creme meine Finger ein. Wie die Haut an den Händen auf das Klettern reagiert, ist individuell sehr verschieden. Während die einen unter trockenen Händen leiden, die leicht einreißen, kämpfen die anderen mit schwitzenden Fingern, die einweichen und so weniger widerstandsfähig gegenüber rauen Kanten sind. So oder so ist eine regelmäßige Pflege unentbehrlich.

Du wirst dich jetzt womöglich fragen, warum ich mir all diese Schmerzen und Unannehmlichkeiten überhaupt antue, und ob das Klettern so überhaupt noch Spaß machen kann. Es ist die Leidenschaft, die mich treibt, und eine Begeisterung, die tief in mir drinnen steckt. Nichts könnte mir das Klettern ersetzen.

Wenn der Vater mit der Tochter ...

Die Organisationsstrukturen im Klettersport waren zu meinen Anfängen noch bescheiden. Die Abwicklung der Entsendungen zu internationalen Wettkämpfen übernahm der Österreichische Alpenverein, und es brauchte engagierte Vereinstätige, die uns auf die Wettkämpfe begleiteten. Manchmal ließ sich niemand finden, der Zeit hatte oder bereit war, seine Freizeit zu opfern. Da waren dann immer wieder die eigenen Eltern gefragt. Ohne meinen Vater wäre meine Kletterkarriere nicht möglich gewesen. Obwohl er hart arbeitete, nahm er sich immer wieder Zeit, mich zum Training und auf Wettkämpfe zu begleiten.

Auf diesen Reisen haben wir einiges erlebt, und wer meinen Papa kennt, der weiß, dass die Autofahrten mit ihm nie langweilig wurden. Er bevorzugte nämlich die ältesten Schrottkarren, an denen er selbst basteln konnte, wenn etwas nicht funktionierte. Und irgendetwas funktionierte meistens nicht. So folgte manchmal eine Autopanne nach der anderen auf längeren Reisen, was mitunter recht nervenaufreibend war.

Ich erinnere mich zum Beispiel an eine Fahrt zum Sondertraining in die Kletterhalle von Scheidegg im Allgäu: Mein Vater eilte von der Arbeit nach Hause, stürmte in die Wohnung, um mich pünktlich um 16:00 Uhr nachmittags abzuholen. Die Fahrt würde gut zwei Stunden dauern, und ich wollte diese Zeit wie immer nutzen, um allerhand Schulkram zu erledigen. Papas „neuer" roter VW Golf stand vor der Wohnanlage bereit.

Rate mal, wie viel Kilometer die Maschine schon auf dem Konto eingefahren hatte? Satte 500.000. Und wenn du wissen willst, wie viel mein Vater für diese Karre hingelegt hatte, dann teilst du diese Benchmark durch 1000. Alles klar?

Bevor ich ins Auto einstieg, wunderte ich mich über die eigenartige Parkposition. Papa hatte den Wagen auf einer steilen Zufahrt abgestellt, dicht an der Hausmauer, mit zwei Rädern am Gehsteig. „Wieso parkst du denn so komisch?", fragte ich ihn. Statt einer Antwort ließ er das Auto langsam die steile Auffahrt hinunterrollen, um den Motor zu starten, und grinste mich an. Ich verdrehte nur die Augen, war aber nicht weiter beunruhigt.

Wir legten eine schöne Strecke zurück und ich widmete mich meinen Schulsachen, als mich plötzlich ein Ruck aus der Konzentration riss. Ich schaute nach vorne und sah nur Autos, so weit das Auge reichte. Wir bewegten uns im Schneckentempo. So würden wir nie pünktlich zum Training kommen!

Angespannt saß ich im Auto und trommelte nervös mit den Fingern auf meinen Schulunterlagen. Nicht nur dass der Stau nervte, unser Auto musste ja auch unbedingt weiterrollen, weil bei Stillstand der Motor schlappmachen würde. Ich war total genervt und kann dir versichern, dass du in einer solchen Situation mich lieber nicht als Beifahrerin hättest.

Papa versuchte, das Auto mit allen Mitteln am Laufen zu halten. Der Pfändertunnel kam näher. Natürlich blieben wir mitsamt der Kolonne mitten im Tunnel stecken. Ich schimpfte wie eine Furie. Papa blieb ruhig. Und ruhig blieb auch seine Karre. Sie stand wie mit dem Boden verwurzelt. Wie eine Herde träge Kühe, die heimwärts trottete, zog die Kolonne schließlich weiter – allerdings ohne uns! Wir rissen ein Loch in die Herde, verloren die Vorderen und behinderten die hinter uns waren.

„Steig aus, wir müssen schieben!", sagte Papa ruhig. Wir schoben mit vereinten Kräften, aber unsere träge Kuh rührte sich nicht vom Fleck. Da konnten die hinter uns hupen, solange sie wollten. Wir schoben und schoben, bis das Auto endlich ins Rollen kam und das Starten gelang. Ich hüpfte ins Auto, knallrot im Gesicht vor Anstrengung und Wut. Was für eine peinliche Aktion – aber bei weitem nicht die einzige! Am Ende schafften wir es noch für drei Stunden ins Training und kamen ohne Zwischenfälle um Mitternacht wieder nach Hause. Papas Karre ließ uns doch nicht im Stich.

Angy, die Trainingsweltmeisterin?

Die Trainingsfahrten in unterschiedlichste Hallen und Klettergebiete lieferten vielseitige Trainingsreize, und das war gut so, denn das monotone Üben an denselben Wänden und Routen in gewohnter Atmosphäre reicht auf Dauer nicht aus, um besser zu werden. Abwechslungsreiche Trainingsinhalte beleben und steigern die Leistungsfähigkeit. Ich liebte das Training und machte erstaunlich gute Fortschritte. Im Training kletterte ich im Vergleich zu meinen Mitstreitern sehr stark. Beim Wettkampf allerdings schaffte ich es selten, meine Leistung abzurufen.

Ich verpatzte einen Wettkampf nach dem anderen. Die Nervosität machte sich lange vor dem Start bemerkbar und wurde noch stärker, als ich an der Reihe war. Zitternd und blockiert stieg ich in die Routen ein. Häufig passierten mir Fehler, die ich im Training nie und nimmer gemacht hätte. Zum Beispiel bei der Jugend-Weltmeisterschaft in Veliko Tarnovo in Bulgarien 2003. Ich galt als eine der Favoritinnen, insbesondere nachdem ich das Halbfinale mit elf Griffen Vorsprung anführte. Ich war außer mir vor Enthusiasmus.

Im Finale aber fehlte es mir an Selbstvertrauen. Dem Druck standzuhalten und die Position zu verteidigen beängstigte mich wie das Weihwasser den Teufel.

Ich musste als Letzte an den Start gehen und kletterte nicht mehr so frei wie im Halbfinale. Wie vom Blitzschlag getroffen, irrte ich in der Route umher. Am Ausstieg befand sich eine Struktur, an der ich Halt suchte. Leider entpuppte sich diese Struktur als Falle, sie war nicht zum Halten gedacht. So blockiert wie ich war, vermasselte ich diese Passage, konnte die Struktur nicht überwinden und landete im Seil. Aus!

Trotz der verpatzten Leistung wurde ich noch Dritte. Aber eben nicht mit der optimalen Performance. Ich war sehr enttäuscht und haderte mit mir.

Vor jedem Bewerb spürte ich diesen Druck, den ich mir selber auferlegte, denn ich wollte zwanghaft gewinnen und alle Erwartungen erfüllen.

Infolgedessen organisierte Mike für mich Einzelstunden mit dem Mentaltrainer Walter Minatti, den ich ja bereits kannte. In diesen Sitzungen wiederholten und vertieften wir Entspannungsübungen, die er uns im Kletterteam beigebracht hatte, damit ich das Gelernte von früher aktiv abrufen konnte. Eifrig befolgte ich seine Ratschläge und übte die Entspannungstechniken selbstständig daheim. Mein Ziel war es, beim nächsten Wettkampf gelassener zu sein und am Start entspannt zu bleiben.

GANZ OBEN

Rock Master 2003: der Beginn einer wunderbaren Karriere

Ich entwickelte mich im mentalen Bereich erstaunlich gut weiter. Nach dem dritten Platz bei der Jugendweltmeisterschaft gelang mir als 17-Jährige noch im gleichen Jahr 2003 mein erster großer internationaler Triumph beim legendären Rock Master in Arco, Italien. Dieser Bewerb ist einer der ältesten in der Klettergeschichte, in der Kletterszene wurde er damals gern als „inoffizielle Weltmeisterschaft" bezeichnet.

Der Wettkampfmodus ist bei diesem Einladungsturnier etwas anders als bei offiziellen Bewerben des internationalen Kletterverbandes. Die Athleten werden persönlich vom Veranstalter eingeladen, und die Anzahl der Teilnehmer beschränkt sich auf maximal 15. Der Wettkampf gliedert sich in zwei Durchgänge, die sogenannte After-Work-Route und die On-Sight-Route. Insgesamt dauert der Bewerb drei Tage.

Am ersten Tag findet sozusagen der Trainingslauf für die After-Work-Route statt. Hier bekommt jeder Athlet 20 Minuten Zeit, um die Route auszuchecken und die Bewegung bestmöglich einzustudieren. Sich gegenseitig zuzuschauen sowie technische Hilfsmittel wie Kameras, Handys und dergleichen sind verboten.

Am darauffolgenden Tag wettstreiten die Athleten in der On-Sight-Route. Die Startreihenfolge ergibt sich aus der Weltrangliste, das heißt der aktuell Führende startet am Ende. Das Ergebnis der On-Sight-Route bestimmt folglich die Startposition für die Finalrunde, die After-Work-Route. Das Endergebnis wird durch Addieren der erreichten Höhen beider Durchgänge ermittelt. Heute hat sich der Modus beim Rock Master etwas geändert, öfters wird auch gemeinsam mit dieser Veranstaltung ein Weltcup ausgetragen.

Jedenfalls werde ich den Tag nie vergessen, an dem ich das Kuvert von Angelo Seneci, dem Organisator dieses Events, im Briefkasten fand. Ich las das Schreiben mit klopfendem Herzen und konnte es kaum fassen. „Meine Wenigkeit bekommt eine Einladung zum legendären Rock Master Festival in Arco? – Ich glaub, ich spinn! Angy Eiter mit all den Legenden des Klettersports – Wahnsinn!!"

Am Donnerstagabend, den 26. August 2003 war es so weit. Papa hatte es sich nicht nehmen lassen, mich persönlich nach Arco zu bringen. Nun versammelten sich die Athleten und wurden vom Organisator Angelo über den Ablauf informiert. Es war unglaublich aufregend, mit all den starken Kletterern zusammenzusitzen, die ich bewunderte und zum Vorbild hatte. Muriel Sarkany, Sandrine Levet, François Legrand, Alexander Chabot, Patxi Usobiaga, Ramón Julián Puigblanque oder Tomáž Mràzek, um nur ein paar Namen zu nennen: sie alle waren da. Und ich mitten unter ihnen. Unglaublich.

Wir saßen im Versammlungsraum neben der imposanten Rock-Master-Wand. Die Wettkampfanlage steht großräumig auf einer Wiese neben dem Fluss Sarca am Ortsrand von Arco, unterhalb des Colodri, dem beeindruckenden Bergmassiv und Wahrzeichen von Arco. Die meisten Wände der eindrucksvollen Kletteranlage hängen stark über, manche Stellen ragen sogar komplett waagrecht heraus. Insgesamt erreicht die Wand eine Höhe von etwa 25 Metern. Schon bei diesem Anblick begann es mir in den Fingern zu kribbeln, die Lust aufs Klettern packte mich.

Endlich ging es los, wir durften die sogenannte After-Work-Route der Reihe nach ausprobieren. Ich besichtigte die Route kurz und zählte satte 60 bis 70 Züge vom Anfang bis zum Top. Diese beachtliche Länge und ein anspruchsvoller, ausdauerbetonter Routenbau ist eines der Markenzeichen dieses Turniers. In einem herkömmlichen Weltcup sind die Routen mit einer Länge von etwa 40 bis 50 Zügen deutlich kürzer.

Ich stieg ein – und bewältigte die Route auf Anhieb ohne Sturz bis zum Top. Es blieb sogar noch Zeit übrig, und so stieg ich ein weiteres Mal ein. Diesmal kletterte ich langsamer und studierte die heiklen Passagen bewusster. Ich schaute mir die Griffe und vor allem die Tritte genau an und versuchte, mir die Bewegungen einzuprägen.

Zug um Zug kletterte ich auf diese Art und Weise nach oben. Mir glückten die Züge unerwartet gut und ich vermutete, dass die Hauptschwierigkeit darin lag, die Route bis zum Tag der Austragung, also 48 Stunden lang, im Kopf abzuspeichern. Zudem würde man nach den vorangegangenen Wettkampftagen auch schön müde sein, was den Durchstieg erschwerte. Als meine Work-Out-Zeit endete, führte mich der Schiedsrichter hinaus. Rückwärts ging ich zum Ausgang, um bis zur letzten Sekunde die Route zu mustern und die einzelnen Züge in meinem Gehirn einzufrieren.

Dass die meisten Athleten die Routen nur einmal bis zum Top schafften, weil sie regelmäßig im Seil sitzend rasten mussten, erfuhr ich erst später. Zu diesem Zeitpunkt waren mir die hohe Schwierigkeit der Route und meine starke Performance gar nicht bewusst. Erst am nächsten Tag begriff ich meine Fähigkeiten. Die On-Sight-Route stand am Programm.

Da wir die Route nicht vorher auschecken durften, bekamen wir – wie üblich – sechs Minuten Zeit, um die Routen vom Boden aus visuell einzustudieren. Danach wurden wir in die Isolationszone geschickt. Dort bereiteten wir uns auf den Bewerb vor. Ich kam gleich als eine der ersten Starterinnen an die Reihe, da ich ja noch kaum Weltcup-Punkte gesammelt hatte. Anders als bei all den vorangegangenen Wettbewerben in der Jugendklasse spürte ich am Start zum ersten Mal eine tiefe Freude in mir.

Gut gelaunt und zuversichtlich stieg ich in die Route ein, kletterte solide bis kurz vor das Dach. Dort haderte ich mit einem unangenehmen Zug. Ich wusste nicht, wie ich den nächsten, weit entfernten Griff erreichen sollte. „Springen?", überlegte ich, doch diese Option war mir zu riskant, denn wenn der Sprung nicht klappte, würde ich aus der Wand kippen und meine Vorstellung wäre beendet.

Ich atmete tief durch, versuchte mich zu entspannen und überlegte mir eine andere Strategie. „Wenn ich mit dem linken Fuß auf diesen abschüssigen Tritt steige und durchdrücke, müsste ich bis zum Griff durchziehen können" – und tatsächlich: es gelang.

„Jawohl!", feuerte ich mich selbst an: „Das hast du gut gemacht. Weiter so!"

Ich kletterte weiter, überquerte die Dachpassage. Nun war ich nur noch wenige Meter vom Top entfernt. Die Züge waren schwer, die Kraft ließ nach, aber ich gab nicht auf. Nach den nächsten Griffen schnappte ich nur noch und blieb dran. Ich kletterte Zug um Zug weiter – bis zum Top! Unter mir hörte ich das applaudierende Publikum. In mir breitete sich das warme Gefühl einer tiefen Zufriedenheit aus.

Gelassen konnte ich im weiteren Verlauf den anderen Athletinnen zuschauen. Eine nach der anderen fiel frühzeitig aus der Route. Bis schließlich die letzten drei und damit die stärksten Mitbewerberinnen an der Reihe waren: Sandrine Levet aus Frankreich, die Slowenin Martina Cufar und die Weltranglisten-Erste Muriel Sarkany aus Belgien. Alle drei schafften es nicht, die Route zu bewältigen. Das hieß, ich führte die Runde an. Ich!

Allesamt, meine Eltern wie ich, die Zuschauer und das Organisationsteam waren überrascht und erfreut zugleich.

„Ups!", dachte ich. „Jetzt wird die After-Work-Route über alles entscheiden."

Rock Master 2004: Bei der Besichtigung der On-Sight-Route und während der Sieger-ehrung. Zweite wurde Sandrine Levet aus Frankreich und Dritte Olga Shalagina aus Russland.
Oben: Im Duell – einem Funevent, in dem es um Schnelligkeit geht und der nach dem Rock Master durchgeführt wird – setzte ich mich vor Maja Vidmar durch.

„Diese Route bin ich ja schon mal zum Top geklettert", ergänzte ich meine Gedanken. „Das muss ich morgen eigentlich nur noch mal machen." Es gelang mir, locker zu bleiben. Nichtsdestotrotz rief ich die Route mehrmals vor meinem inneren Auge ab.

Am alles entscheidenden Tag fand ich einige bekannte Gesichter aus der heimischen Kletterszene im Zuschauerfeld wieder, darunter Stefan Fürst und Reini Scherer. Vermutlich hatten sie meinen Erfolg in der ersten Ausscheidungsrunde im Internet mitverfolgt und wollten die Show nun live miterleben. Kurz vor dem Start bekamen wir abermals sechs Minuten Zeit, um die Route zu besichtigen. Diesmal war ich als letzte Starterin an der Reihe. Diese Ausgangsposition ist alles andere als angenehm. Als Außenseiter anzugreifen ist schlichtweg bequemer, als die Rolle des Hoffnungsträgers verteidigen zu müssen. Trotzdem stieg ich positiv gesinnt in die Route ein. Einen Großteil der Nervosität ließ ich am Start zurück, und der Rest verschwand nach jedem weiteren Klettermeter. Statt Versagensangst kam Freude auf. Ich blieb fokussiert, meisterte solide die heiklen Passagen und kletterte beflügelt weiter. Kurz vor dem Top wusste ich, dass ich es schaffen könnte. Die letzten Züge genoss ich regelrecht. Und tatsächlich: es gelang. Am Top angekommen, brauste der Applaus auf, die Zuschauer jubelten mir begeistert zu. Der weibliche Rock Master 2003 hieß Angela Eiter. Es war unglaublich! Erstmals war es mir gelungen, meine Bestleistung auch als Favoritin abzurufen.

Langsam wurde ich abgelassen, damit die Zuschauer wie auch ich diesen Moment voll auskosten konnten. Das Publikum klatschte mit nach oben gestreckten Händen, manche riefen und pfiffen. Es war ein unbeschreibliches Erlebnis. Ich strahlte in die Menge und weinte gleichzeitig fast vor Glück. Während ich abgeseilt wurde, fiel mein Blick auf Reini, den Trainer des Innsbrucker Kletterteams. Mit offenen Augen und Mund strahlte er mich an. Ich spürte seine Freude. Dass Reini zum Rock Master gekommen ist, um mich anzufeuern und mir diesen Blick zu schenken, werde ich nie vergessen. Dieser Moment bleibt für immer wie ein einverleibter Schatz in meinem Geist gespeichert.

Am Boden angekommen, klopfte mir Reini auf die Schultern, umarmte mich und gratulierte mir aus tiefstem Herzen. Ich nahm unzählige weitere Glückwünsche entgegen und hatte ununterbrochen Autogrammwünsche zu erfüllen. Meine Eltern, Bekannte und viele meiner Freunde waren vor Ort und durften diesen wundervollen Moment mit mir teilen.

Fotos, Unterschriften und Pressegespräche waren zu erledigen. Ich blühte auf vor Freude. Meine Augen strahlten, mein Herz pulsierte mein mit Glückshormonen angereichertes Blut durch meinen Körper. Wenn ich daran denke, spüre ich es heute noch.

Abends fand dann die legendäre Rock Master Party statt, wo wir den Bewerb feierlich ausklingen ließen. In den italienischen Zeitungen stand anderntags: „É nata una nuova stella di arrampicata femminile, si chiama: Angela Eiter." – Ein neuer weiblicher Kletterstern ist geboren, er heißt Angela Eiter. Dieser Moment öffnete mir die Augen und mir wurde klar, dass Erfolg nicht beim Siegen anfängt, sondern bei den Niederlagen, die man überwunden hat.

Den Kinderschuhen entwachsen

Der Erfolg in Arco eröffnete mir plötzlich ganz neue Möglichkeiten, aber es kamen auch unerwartete Herausforderungen auf mich zu. So traten nun erstmals Unternehmen von sich aus an mich heran, um mir ein Vertragsangebot zu machen. Eines davon war die namhafte Firma La Sportiva, die Berg- und Kletterschuhe herstellt. Lorenzo Delladio, der Eigentümer des Familienunternehmens, selbst kam auf mich zu und fragte mich, ob ich Interesse an einer Kooperation hätte. Hellauf begeistert willigte ich ein. Diese Kooperation besteht bis heute auf einer sehr vertrauensvollen persönlichen Ebene.

Aber es lief nicht immer so rund. Ein weiteres Unternehmen, das an mich persönlich herantrat, stand dummerweise in Konkurrenz zu einer Firma, die Mike nach meinem Sieg als Sponsor seines Kletterteams gewonnen hatte. Dies führte schließlich dazu, dass ich mich von ihm und seinem Team trennen musste. Ich startete weiterhin für den ÖAV Imst-Oberland, der damals Mitglied des Tiroler Wettkletterverbandes (heute Kletterverband Tirol) war. Die Organisation der Entsendungen zu internationalen Bewerben übernahm der Österreichische Alpenverein für mich. Ganz allgemein war der Österreichische Alpenverein (ÖAV) von Anfang an ein Vorreiter des Sport- und Wettkampfkletterns, dessen Entwicklung er maßgeblich prägte.

Mein Ansprechpartner damals war Helmut „Heli" Knabl. Als damaliger und langjähriger Präsident des Tiroler Wettkletterverbandes, später auch Vizepräsident des Österreichischen Wettkletterverbandes sowie Vizepräsident des Internationalen Wettkletterverbandes IFSC nahm er von Anfang an bis etwa 2017 eine bedeutende Rolle im Klettersport ein. Er war und ist selbst begeisterter Kletterer und Bergsteiger – eine Leidenschaft, die ihn mit seiner Frau Susi verband. Susi war als erste internationale Schiedsrichterin ebenso eine prägende Figur in der Entwicklung des Wettkampfkletterns. Die beiden leisteten für den Klettersport eine unglaubliche Aufbauarbeit, die man gar nicht hoch genug schätzen kann.

Ich kannte die beiden seit langem und hatte einen sehr guten Draht zu ihnen. Heli unterrichtete wie Mike an der Sporthauptschule in Imst, Susi leitete seit 2002 als Pächterin die Kletterhalle in Imst und ihre Kinder – Sabine, Regina und Andreas – waren damals auch Mitglieder in Mikes Kletterteam. Sabine, kurz Bine, holte sich zu ihrer Zeit sämtliche Staatsmeistertitel der Nachwuchsbewerbe. Sie war gerade mal um ein Jahr älter als ich, und so teilten wir uns gelegentlich dieselbe Altersklasse und trainierten des Öfteren gemeinsam. Auch sie verließ übrigens in der Zeit der Pubertät das Kletterteam von Mike.

Klettern als Wettkampfsport steckte damals organisatorisch in manchen Bereichen noch in den Kinderschuhen. Es gab fast ausschließlich die auf Wettkämpfe ausgerichteten Kletterteams der alpinen Vereine, wie zum Beispiel des ÖAVs oder der Naturfreunde, in denen meist ehrenamtlich tätige Kletterlehrer junge Talente trainierten. Je nach Erfolg der jungen Athleten und je nach Engagement des Trainers erhielten manche Teams Unterstützung von diversen Sponsoren. Einige Teams leisteten damals schon vorbildliche Arbeit trotz noch geringen Ressourcen. Das Team von Mike gehörte zu den erfolgreichsten österreichischen Klettergruppen, es fing regelmäßig Titel in den Schüler- und Jugendklassen ein. Eine mindestens gleichwertige professionelle Arbeit leistete zur selben Zeit das Innsbrucker Kletterteam, das ebenso erfolgreich war. Dieses wurde von Reinhold Scherer und Rupert Messner betreut. Sowohl „Reini" als auch „Rupi" waren erfahrene Kletterer und Klettertrainer, denen ein sehr guter Ruf vorauseilte. Darüber hinaus waren sie zwei sympathische Kerle, die man einfach gern haben musste.

Ich kann mich noch gut an eine Tiroler Meisterschaft für die Nachwuchsklassen erinnern, die in der kleinen Kletterhalle von Rum, einem Vorort von Innsbruck, stattfand. Vor dem Finale versammelten sich die Kinder und

Mein ehemaliger Trainer Reini Scherer beim Routensetzen in „seiner" Halle KI (Kletterzentrum Innsbruck).

Schüler in der Isolationszone, alle waren nervös. Die Anspannung währte allerdings nicht lange, denn Reini und Rupi verbreiteten gute Laune, indem sie lustige Fangspiele und dergleichen anfingen. Dabei widmeten sie sich nicht ausschließlich ihren eigenen Schützlingen, sondern bezogen wirklich alle mit ein. Die beiden haben einfach ein unglaubliches Talent im Umgang mit Kindern und fanden in jeder Situation passende, humorvolle Worte.

Das Innsbrucker Kletterteam brachte einige international bedeutende Athleten hervor, darunter so klangvolle Namen wie David Lama, Katharina Saurwein, Anna Stöhr oder Jakob Schubert. Mit „Katha" trainierte ich hin und wieder gemeinsam. Allerdings selten, denn sie besuchte eine andere Schule und hatte zudem regelmäßig im Innsbrucker Kletterteam betreutes Training. Somit ließ sich schwer ein gemeinsamer Termin finden.

Katha ist gerade mal ein Jahr jünger als ich. Als sie noch bei Vorstiegsbewerben startete, fuhren wir oft gemeinsam zu den Veranstaltungen.

Mit Anna hatte ich eine weniger enge Bindung, da sie bald auf die Disziplin Bouldern umstieg, wie Katha später ja auch. Beide hatten mit ihrer Entscheidung Recht! Katha landete bei diversen Boulder-Weltcup-Veranstaltungen am Podest und stand beim Rock Master in Arco 2016 am obersten Treppchen. Außerdem gewann sie die Bronzemedaille bei der Europameisterschaft 2015 in Innsbruck. Anna schlug beim Kampf um die Titel beachtlich zu: Sie gewann viermal den Gesamtweltcup im Bouldern, wurde 2007 und 2011 Boulder-Weltmeisterin und 2010 Europameisterin im Bouldern.

David Lama und Jakob Schubert gehörten ebenso zu den Mitgliedern des Innsbrucker Kletterteams, waren als Jahrgang 1990 aber um einiges jünger als ich. David beendete seine erfolgreiche Wettkampfkarriere recht früh, um große alpinistische Projekte an den Bergen der Welt zu verfolgen. Als Europameister im Vorstieg 2006 und im Bouldern 2007 schloss er sein persönliches Wettkampfkapitel 2009 mit der Bronzemedaille bei der Weltmeisterschaft in Xining. Große Bekanntheit erlangte er 2012 mit der ersten freien Besteigung des Cerro Torre in Patagonien. David lebte seine Leidenschaft für das Klettern und den Alpinismus – bis zu jenem noch immer unfassbaren Moment im April 2019, als er und seine Gefährten Hansjörg Auer und Jess Roskelley in einer Lawine in den kanadischen Rocky Mountains ihr Leben ließen. Dieses tragische Ende macht mich zutiefst traurig und wirkt noch immer sehr unreal auf mich. Mit David fuhr ich bereits in der Nachwuchsklasse regelmäßig auf Wettkämpfe und traf ihn später vereinzelt bei Events. Er beeindruckte mich mit seinen außergewöhnlichen Fähigkeiten und seiner starken Persönlichkeit. Bei Hansjörg empfinde ich dasselbe. Ich genoss die Tage mit ihm, vor allem bei den Athletentreffen im Team von Edelrid – seinen Humor, seine Ehrlichkeit und sein Ausnahmekönnen im Klettersport werde ich nie vergessen. Dass ich sowohl David als auch Hansjörg nie wieder treffen werde, ist nur schwer zu fassen. Ich werde beide in guter Erinnerung behalten und danke ihnen für die Inspirationen, die sie für die gesamte Kletterwelt hinterließen.

Jakob Schubert mischt noch immer eifrig in der Wettkampfszene mit und tischt ordentlich auf. Er gewann 2011 den Gesamtweltcup im Vorstieg und holte 2012 den Titel bei der Weltmeisterschaft im Vorstieg in Paris! Bei der Heim-Weltmeisterschaft in Innsbruck gewann er 2018 im Vorstieg und in der Kombination. Auch am Fels zählt Jakob zu den weltbesten Kletterern, er verbuchte gleich mehrere Routen im Schwierigkeitsgrad 9b.

Obwohl ich derart starke Kolleginnen und Kollegen quasi vor meiner Nase in Innsbruck vorfand, ließ sich kaum jemand finden, der am Nachmittag

Zeit hatte, mit mir zu trainieren. So setzte ich meinen eigenen Weg fort. Im Grunde gestalte ich meinen Trainingsplan selbst aus freiem Ermessen. Reini stand mir immer mit Rat und Tat zur Seite, wenn ich Fragen zum Training hatte.

Er war es auch, der mich mit Gernot Wersin bekannt machte, denn er sah, dass ich nachmittags, nach dem Schulunterricht, viel Zeit allein im „Tivoli" verbrachte. Gernot war einer der Stammgäste in dieser ersten großen Innsbrucker Kletterhalle: ein erfahrener Alpinist, hochintelligent und umfassend gebildet, dabei bescheiden und ungemein freundlich. Ein echter Gentleman. Er war in seinem Leben weit herumgekommen, lebte viele Jahre in der Schweiz, bis er dann in der Pension mit seiner amerikanischen Frau Mary nach Innsbruck zog. Seine Leidenschaft fürs Klettern hielt ihn jung und trieb ihn, wann immer es ging, an den Fels oder in die Halle. Gernot sollte für mehrere Jahre mein Trainingsbegleiter werden und ein wichtiger Lehrmeister in vielen Bereichen.

Wenn ich jemanden im Kletterzentrum Tivoli zum Sichern brauchte, funkte ich ihn an, und Gernot war zur Stelle: Er sei ja in der Pension und habe viel Zeit, außerdem freue es ihn, wenn er mit mir klettern gehen dürfe. Oft brachte er mich abends nach dem Klettertraining sogar zum Bahnhof, damit ich etwas Zeit sparte und nicht auf den Bus warten musste. Noch heute treffen wir uns gelegentlich zum Plaudern in einem Café. Gernot war ein Geschenk des Himmels für mich. Und er ist einer der wichtigsten Wegbegleiter in meinem Leben, dem ich sehr viel zu verdanken habe.

Aller Anfang ist schwer

Die Professionalität im Klettersport ließ zu dieser Zeit in manchen Bereichen wegen der geringen finanziellen Mittel noch zu wünschen übrig. Die Verbandsstrukturen waren erst im Aufbau begriffen. Es gab noch wenige gut ausgebildete Trainer, die aber nicht angestellt, sondern meist rein ehrenamtlich Athleten betreuten. Die wiederum waren überwiegend auf sich selbst gestellt. Bei meinen ersten internationalen Kletterwettkämpfen in der allgemeinen Klasse im Jahr 2002 standen wir Athleten und Athletinnen nicht selten auf einsamer Flur. Betreuer und Trainer waren keine vor Ort.

Wie bescheiden die Strukturen in meiner Anfangszeit waren, lässt sich am Beispiel meines ersten Finales im Weltcup 2002 im slowenischen Kranj erzählen: Die anderen Teammitglieder reisten bereits nach dem Halbfinale wieder nach Hause, da sich keiner außer mir für das Finale qualifizierte. Zum Glück war mein Vater vor Ort und ließ seine Tochter nicht im Regen stehen. Tatsächlich war es an diesen Tagen Mitte November bitterkalt und regnerisch in Kranj, und es wäre sehr unangenehm gewesen, allein hier zu sein, denn mir stand nicht einmal mehr ein Zimmer zur Verfügung, in das ich mich bis zum Finale, das erst am Abend begann, hätte zurückziehen können, denn keiner hatte damit gerechnet, dass ich ins Finale einziehen könnte. Somit verbrachte ich die Zeit bis zur Öffnung der Isolationszone mit Papa in diversen Cafés oder im Auto.

Es blies ein stürmisch kalter Wind und die Zeit verging langsam. Ich erledigte, so gut es ging, meine Hausaufgaben und lernte für die Schularbeit, die am nächsten Tag anstand. Den ganzen Tag über waren weder eine Betreuung noch ein Trainer oder Therapeut vor Ort. All diese Funktionen übernahm mein Paps. Dieser intensive Kontakt mit ihm hat sich in meiner Persönlichkeit so fest verankert, dass ich ihn am liebsten noch heute bei vielen meiner Projekte dabeihaben möchte. Weniger des Trainings wegen, sondern mehr aus einem Gefühl des Vertrauens und der Dankbarkeit.

Schwieriger wurde die Situation, wenn Wettkämpfe in Übersee stattfanden. Bei solchen Bewerben konnte ich nicht auf Papas Anwesenheit zählen. Mit diesem Problem wurde ich erstmals 2003 konfrontiert, als ein Weltcup in Shenzhen in China ausgetragen wurde. Meine Teamkollegin Barbara „Babsi" Bacher aus dem Ötztal und ich wurden vom Verband für die Entsendung ausgewählt, denn wir lieferten beide in dieser Saison tolle Ergebnisse. Barbara erreichte in diversen Weltcup-Veranstaltungen mehrmals das Finale und reihte sich nicht selten unter die besten fünf. Sie war schon etwas länger im Wettkampfgeschehen dabei und galt in der Jugendkategorie als Maßstab. Zweimal, nämlich 1998 und 1999, gewann sie die Gesamtwertung im Jugend-Europacup, und im Jahr 2000 krönte sie sich im Alter von 18 Jahren zur Junioren-Weltmeisterin.

Du wirst dich jetzt vielleicht fragen, was der Unterschied ist zwischen einer Weltmeisterschaft und dem Weltcup. Weltmeisterschaften finden im Klettern alle zwei Jahre statt, und zwar in den Disziplinen Lead (Vorstieg), Bouldern, Speed sowie Paraclimbing. Die Essenz liegt darin, die optimale Leistung an Ort und Stelle zur vorgegebenen Zeit abzurufen. Demgegenüber werden einem Athleten andere Herausforderungen aufgetischt, wenn es darum geht, den Gesamtweltcup zu gewinnen. Es finden durchschnittlich um die acht Weltcup-Veranstaltungen pro Jahr statt. Das Ziel ist es, pro Station die meisten Punkte einzusammeln und über die gesamte Periode hinweg eine konstante Leistung zu erbringen.

Bei mir stand 2003 die Hoffnung auf einen Podestplatz in der Weltcup-Gesamtwertung im Raum, weshalb die Entsendung ins sogenannte Reich der Mitte unabdingbar war. Nachdem ich in dieser Saison nach dem sensationellen Sieg beim Rock Master noch zwei Weltcup-Veranstaltungen für mich entscheiden konnte und mehrere zweite Plätze einfing, sahen meine Aussichten gut aus, dass ich den dritten Endrang erreichen könnte. Somit freuten wir uns beide über die Nachricht, nach China reisen zu dürfen. Weniger erfreulich war die Tatsache, dass sich im Verband niemand finden ließ, der uns junge Athletinnen nach China begleitete. Am Ende schlossen wir uns dem Team aus der Schweiz an, dessen Trainer Hans-Peter Sigrist sich mit Vergnügen bereit erklärte, auch die Betreuung für uns zu übernehmen.

Die Reise war lang und anstrengend, denn wir flogen ja quasi nur fürs Wochenende um die halbe Welt: Insgesamt waren wir 33 schlaflose Stunden unterwegs. Der Jetlag belastete mich massiv. Während Babsi neben mir wie ein Murmeltier tief und fest schlief, zählte ich praktisch Nacht für Nacht Schäfchen. Aber die grandiose Stimmung beim Bewerb hielt mich tagsüber wach. Stell dir vor, es kamen weit über 10.000 Chinesen zum Finale! Allein schon die Anfahrt mit dem Athletenbus zum Wettkampfareal war wie ein Gang am roten Teppich: Tausende Menschen verließen ihre Häuser, um uns im vorbeifahrenden Bus zuzuwinken. Hinzu kam, dass die Gegend um unser Hotel und um die Wettkampfarena, die außerhalb der Millionenmetropole lag, in voller Pracht stand. Es gab duftende Blumen, die ich vorher noch nie gesehen hatte, tiefgrüne Bäume und Vögel in allen leuchtenden Farben. Alles in allem ein Traumambiente!

Die Kletterbegeisterung der Chinesen war auch im Wettkampf zu spüren. Das Publikum trieb mich förmlich hoch. Ich erreichte eine solide Leistung in der Finalroute und strahlte in die Zuschauermenge. Das Lächeln, das ich ihr schenkte, bekam ich tausendfach zurück. Den Menschen ging das Herz auf, sie konnten nicht genug von uns europäischen Kletterern bekommen. Mir schien, als sehen sie in kleinen Dingen große Schätze. Hier ein Foto, da ein Foto; hier eine Unterschrift und dort eine Unterschrift – so ging es in einem fort. Die Gastfreundschaft war einfach fantastisch.

Trotzdem waren mir Wettkämpfe auf europäischem Boden tausendmal lieber – allein schon der weniger langen Anreise wegen.

Mein Papa hatte sich mittlerweile einen alten Traum erfüllt und sich einen großen amerikanischen Camper zugelegt, um mich auf Trainings- und Wettkampfreisen zu begleiten. Ein riesiges, uraltes Gefährt der Marke Chevrolet, das er recht günstig bei einem Gebrauchtautohändler erstand. Wie bei meinem Paps nicht anders zu erwarten, waren die Fahrten mit diesem „Kreuzfahrtschiff" recht laut und abenteuerlich, aber so waren wir wenigstens unabhängig und hatten unsere Unterkunft immer dabei.

Von wegen Eintagsfliege

Der Sieg beim Rock Master 2003 blieb ein unvergessliches Erlebnis und war der Beginn meiner wunderbaren Karriere. So mancher vermutete damals, dass dieser Erfolg eine Einmalaktion sei. Mit meinem Sieg beim Weltcup in Aprica in Italien am Wochenende darauf widerlegte ich allerdings derartige Spekulationen. Zudem verbuchte ich noch im gleichen Jahr einen weiteren Weltcupsieg in Valence in Frankreich sowie ein paar zweite Plätze, wie zum Beispiel beim Weltcup im bereits erwähnten chinesischen Shenzhen. Mit dieser Platzierung landete ich tatsächlich auf dem dritten Rang im Gesamtweltcup und beendete somit erfolgreich die Saison 2003.

Im Folgejahr sollte ich dann sogar zum ersten Mal Weltcup-Gesamtsiegerin werden.

Im Finalbewerb der Weltcupserie in Kranj im November standen Muriel Sarkany und ich uns als Favoritinnen gegenüber. Während andere noch über den Ausgang spekulierten und Wahrscheinlichkeitsrechnungen anstellten, kümmerte ich mich gar nicht mehr um die Frage, ob ein Sieg möglich wäre oder nicht, denn im Halbfinale schlich sich ein Fehler ein, wodurch ich auf Rang vier zurückfiel. Dann aber folgte das alles entscheidende Finale. Ich wärmte mich auf wie gewohnt und konzentrierte mich auf den Bewerb. Ich hatte ein gutes Gefühl, meine Form stimmte.

Motiviert stieg ich in die Route ein, das Publikum feuerte mich enthusiastisch an, und ich kletterte gut bis ganz zum Top. Die zwei nächsten Starterinnen scheiterten knapp vor der Dachkante. Schließlich ging Muriel als Letzte in die Finalrunde. Auch sie hatte Mühe an der Dachpassage und fiel ins Seil. Da ich nun den Tagessieg in Kranj eingefangen hatte, hätte Muriel den dritten Rang erreichen müssen, um noch den Gesamtweltcup für sich zu entscheiden. Sie landete jedoch auf dem fünften Rang und überließ somit mir die Siegestrophäe des Gesamtweltcups 2004!

Zum ersten Mal sah ich mein größtes Vorbild tief enttäuscht in der Zuschauermenge sitzen. Ich fühlte mit ihr und spürte im Inneren, wie traurig sie war. Nicht, weil sie mir den Erfolg nicht gönnte – nein, ganz im Gegenteil, denn Muriel ist alles andere als neidisch und schob nicht mir die Verantwortung für ihre Leistung zu. Sie war einfach enttäuscht von sich selbst. Später erzählte sie mir einmal, dass der Druck bei diesem Finale in Kranj zu groß für sie geworden sei, dass sie mit ihrer Favoritenrolle nicht mehr klarkam. Ob dieser Druck von außen kam oder ob sie ihn sich selbst auferlegt hatte, weiß ich nicht. Jedenfalls konnte ich ihre Situation gut verstehen.

Nach den Erfolgsjahren 2003 und 2004 taten sich wertvolle neue Möglichkeiten auf, und es traten wichtige Personen in mein Leben. Ganz vorne ist dabei Peter Reinthaler zu nennen, den ich als Betreuer engagierte, damit er sich um Sponsorenverträge und organisatorische Angelegenheiten kümmerte. Mit seiner Hilfe entwickelten sich enge Partnerschaften mit Red Bull, Imst Tourismus und La Sportiva sowie ab 2007 mit Edelrid. Peter war nicht nur in geschäftlicher Beziehung eine Bereicherung, sondern auch auf persönlicher Ebene. Mit ihm konnte ich offen über private Angelegenheiten reden, er hatte immer ein offenes Ohr und verlor nie den Humor. In seiner Gegenwart war immer für Spaß gesorgt. Peter blieb bis zum Ende meiner Wettkampfkarriere als ein treuer und verlässlicher Partner an meiner Seite.

Im sportmedizinischen Bereich unterstützte mich Dr. Martin Pöll, der selbst ein leidenschaftlicher Bergsteiger und Kletterer war. Seine Ordination befand sich in Ehrwald, etwa 40 Kilometer von meinem Zuhause entfernt. Er betreute mich in allen gesundheitlichen Angelegenheiten und stand mir immer mit Rat und Tat zur Seite. Was die physiotherapeutischen Behandlungen betraf, hatte ich einen guten Draht zu Robert Weber aus Imst und zum Heilmasseur Thomas Walch in Arzl im Pitztal.

Grundlegend verbesserte sich meine Situation als Athletin, als ich in das „Athlete Special Project Red Bull Team" aufgenommen wurde. Den Kontakt zu Robert Trenkwalder, dem Manager dieses kurz ASP genannten Projektes, knüpfte Peter im Frühjahr 2005. Als Pionier des Skisports, wo er mit Günter Mader große Erfolge feierte, brachte Robert enorm viel Erfahrung mit. Der Skisport zählt hinsichtlich Organisationsstruktur sowie Trainings- und Wettkampfbetreuung zur absoluten Topklasse. Die Skifahrer können wirklich aus dem Vollen schöpfen. Roberts Ziel war es, vergleichbar professionelle Strukturen in dieses neue ASP-Team zu bringen, das aus einigen wenigen Ski- und Kletterathleten bestand.

Nun bekam ich endlich all die notwendige Betreuung, die für einen professionellen Sportler unabdingbar ist. Physiotherapeuten kümmerten sich um meine Haltung und erarbeiteten ein speziell auf mich zugeschnittenes Programm mit Ausgleichsübungen. Kompetente Konditionstrainer schulten meine allgemeine Fitness mittels Aufbautraining sowie Kraft- und Cardiotests. Außerdem wurden diverse Gesundheitschecks durchgeführt. Sogar in Marketingangelegenheiten gab es Unterstützung.

Bei der Weltmeisterschaft in München 2005 begleitete mich zum ersten Mal ein Physiotherapeut, nämlich Robert Weber, der durch ASP Red Bull hierzu beauftragt wurde. Das war zunächst ungewohnt. Einerseits gab mir diese Unterstützung Zuversicht, dass jemand da ist und sich um mich kümmert, wenn es brenzlig wird. Andererseits lastete aber auch die Erwartung auf mir, nach dem Motto „Wenn schon so viel Aufwand nur für mich betrieben wird, muss ich auch wirklich gut klettern." Ich setzte mich wieder einmal selbst unter Druck. Mit der Zeit sah ich die Dinge entspannter und pragmatischer, denn diese Form der Athletenbetreuung war ja genau der Aufgabenbereich, für den das ASP Red Bull da war.

Ein Sport auf dem Weg nach Olympia

Die professionelle Herangehensweise, die Robert Trenkwalder ins ASP Red Bull Team brachte, konnte bald auch im Österreichischen Kletterverband umgesetzt werden, der schon länger die Verbesserung der Rahmenbedingungen für den Klettersport anstrebte. Die Aufnahme des Klettersports in

Neue Möglichkeiten, unseren Sport zu leben, fanden meine Kletterkollegen Kilian Fischhuber (rechts hinten) und David Lama im ASP-Red Bull Team.

die Bundessportorganisation, kurz BSO, im Jahre 2006 war der erste große Schritt. So konnte erstmals auf finanzielle Mittel des Bundes zugegriffen werden, die für eine bessere Organisation von Wettkampf- und Trainingsbetreuung notwendig waren. Als Voraussetzung für die Aufnahme in die BSO musste ein von den alpinen Verbänden unabhängiger Sportverband etabliert werden. Deswegen wurde im Jahr 2005 der Österreichische Wettkletterverband (ÖWK) gegründet, der fortan anstelle des Österreichischen Alpenvereins oder der Naturfreunde die organisatorischen Rahmenbedingungen für das Wettkampfklettern übernahm.

Im Jahre 2016 erfolgte im Rahmen der Generalversammlung die Umbenennung des Verbandes von Österreichischer Wettkletterverband (ÖWK) auf Kletterverband Österreich (KVÖ). Das Team des KVÖ besteht aus sehr engagierten Personen und verlässlichen Partnern, die hochwertige Rahmenbedingungen für den Spitzen- wie für den Breitensport schaffen. Professionelle Trainingsstrukturen, soziale und psychologische Betreuung der

Athletinnen und Athleten, Wissensvermittlung im wechselseitigen Austausch mit den Trainerinnen und Trainern und natürlich die diversen nationalen und internationalen Kletterbewerbe sind die Hauptagenden dieses Verbandes. Mittlerweile zählt er zu den erfolgreichsten Sportverbänden Österreichs, ihm gehören neun Landesverbände an und die Mitgliederzahl wächst stetig.

Man kann es heute fast nicht mehr glauben, aber bis 2007 gab es tatsächlich keine professionelle Betreuung im österreichischem Kletter-Nationalteam! Reini Scherer leitete das Erwachsenenteam ehrenamtlich neben seiner Vollzeit-Beschäftigung. Er war zusammen mit Rupert „Rupi" Messner maßgeblich an der Entwicklung des Wettkampfkletterns beteiligt. Ohne den Einsatz und den Pioniergeist der beiden wäre unsere Landeshauptstadt Innsbruck mit ihrem modernen Kletterzentrum heute nicht das, was sie ist: ein Mekka der Kletterwelt.

Auf Reinis Vorschlag hin wurde im Jahre 2007 Heiko Wilhelm zunächst als Betreuer ins Boot geholt. Ein Jahr später übernahm Heiko die Funktion des Geschäftsführers für den KVÖ (damals noch ÖWK), später wurde er zum Sportdirektor ernannt. Von Anfang an übte Heiko die Funktionen des Sportmanagements sowie der Geschäftsführung aus. Er kümmert sich um die Betreuung der Athleten bei den Bewerben, um die Organisation der Fahrten oder Trainingslehrgänge und übernimmt allen sonstigen bürokratischen Aufwand, der nötig ist, um die Strukturen des Wettkampfkletterns zu professionalisieren. Heiko ist der perfekte Mann für diesen Job. Da er selbst bei diversen nationalen und internationalen Wettkämpfen an den Start gegangen war, versteht er es, die Perspektive eines Sportlers einzuschätzen, hat für alle Probleme ein offenes Ohr und hilft stets, wo er nur kann.

2008 wurde in Imst eine Geschäftsstelle des Kletterverbands eingerichtet, Michael Schöpf trat dem Verband bei und entlastet seither Heiko bei der administrativen Arbeit. Das Amt des Präsidenten bekleidete und bekleidet heute noch Dr. Eugen Burtscher, Vizepräsident war Helmut Knabl. Im Jahr 2010 erweiterte der Verband sein Trainerteam durch Ingo Filzwieser, der die Nachwuchsarbeit innehatte; 2014 beendeten Reini und Rupi ihre offiziellen Tätigkeiten im Verband, standen ihm aber weiterhin bei fachlichen Angelegenheiten zur Seite. Im Jahre 2018 wurde die Trainerabteilung umstrukturiert und neu besetzt, die Geschäftsstelle wurde von Imst ins neue Kletterzentrum nach Innsbruck verlegt.

Auf internationaler Ebene entstand im Jahre 2007 der unabhängige internationale Dachverband „International Federation of Sport Climbing" (IFSC). Ende desselben Jahres erfolgte dann die provisorische Anerkennung dieses internationalen Verbandes durch das „International Olympic Committee" (IOC) und 2010 schließlich die volle Anerkennung. Mit diesem Schritt war eine grundlegende Hürde auf dem Weg in Richtung Olympische Spiele genommen. Anlässlich der IOC-Session 2016 in Rio de Janeiro wurde dann endgültig beschlossen, dass Wettkampfklettern als Sportart bei den Olympischen Sommerspielen 2020 in Tokio aufgenommen wird.

Die Entwicklung „Klettern bei den Olympischen Spielen" hat die Professionalisierung im Klettersport nochmals deutlich weitergebracht, angefangen von den Trainingsstrukturen über die Organisation der Bewerbe bis hin zu den finanziellen Mitteln. Dieser Fortschritt ist bereits spürbar, und Klettern wird damit sicher noch beliebter und erfolgreicher werden. Mit dem Weg nach Tokio 2020 ist allerdings eine grundlegende Änderung des Klettersports verbunden, denn die Vorgabe war, dass nur eine einzige der drei Kletterdisziplinen Lead (Vorstieg), Bouldern und Speed bei den Olympischen Spielen vertreten sein konnte. Welche, das war die große Frage.

Die Antwort des internationalen Kletterverbandes IFSC lautete salomonisch: alle drei – und dies war die Geburtsstunde des olympischen Formats im Klettersport, das Speedklettern, Leadklettern und Bouldern zu einer Disziplin vereint. Der IFSC will damit den Grundsatz der Solidarität bewahren, was ja grundsätzlich nicht schlecht ist. Für mich als ehemalige Wettkampfathletin hat die Sache aber einen entscheidenden Haken: Mit dieser Entscheidung ist eine völlig neue Allround-Kletterdisziplin entstanden, mit der die Athleten so nie gerechnet und die sie nie trainiert haben. Wer ein Ticket nach Tokio will und dort nicht nur dabei sein, sondern gewinnen will, muss sein Training komplett umstrukturieren. Statt sich wie bisher auf eine Disziplin zu spezialisieren, werden die Athletinnen und Athleten nun alle Register ziehen und jede Disziplin intensiv trainieren müssen. Im Rahmen der Weltmeisterschaft in Innsbruck 2018, die ich als Zuschauerin vollauf genoss, wurde dieses im Vorfeld sehr kritisch diskutierte Format im sogenannten „Combined" ausgetragen. Mein Eindruck war, dass es sowohl bei den Sportlern wie bei den Zuschauern gar nicht so schlecht angekommen ist. Daher bin ich schon sehr gespannt, was uns in Tokio 2020 erwartet.

Frühling der Entscheidungen

Wieder zurück zum außergewöhnlichen Jahr 2005. Es war für mich auch insofern ereignisreich, weil in diesem Frühling mein Schulabschluss bevorstand. Da ich eine Auszeichnung im Zeugnis anstrebte, lernte ich fleißig. Schule, Lernen, Training sowie Sponsoringaktivitäten bestimmten den Tagesablauf. Die Tage waren lang und minutiös geplant. Ich nutzte jede freie Minute zum Lernen, sogar die Fahrten zu Wettkämpfen oder Wartezeiten in der Isolationszone. Auch wenn diese Zeit sehr viel Disziplin erforderte, der Aufwand hat sich gelohnt, denn ich absolvierte die Matura mit Bravour. Nach diesem Abschluss studierte ich etwa ein Jahr lang an der Universität in Innsbruck, bemerkte dabei aber sehr rasch, dass ich Mühe hatte, mit den ungeregelten Strukturen des Studiums klarzukommen. Daher überlegte ich, auf eine Fachhochschule für Wirtschaft zu wechseln. Der kompakte Stundenplan mit verpflichtender Anwesenheit bei allen Unterrichtseinheiten ließ sich aber nicht mit dem Wettklettern vereinbaren. Und das nahm nach wie vor eine zentrale Rolle in meinem Leben ein!

Letztendlich entschied ich mich, die Handelsakademie in Imst, eine vierjährige berufsorientierte Schule für Wirtschaft, zu besuchen. Die Kurse fanden in geregeltem Rhythmus an drei Abenden statt, das ermöglichte mir, den Schulbesuch mit meinem Leben als Profisportlerin zu kombinieren. Damit nicht genug der Ereignisse und zukunftsweisenden Entscheidungen, denn im Frühjahr des Jahres 2005 lernte ich meinen heutigen Ehemann kennen.

Mein Vater begleitete mich nach Niederthai zum Felsklettern. Auf dem Nachhauseweg trafen wir eine Gruppe junger Leute in meinem Alter. Papa kannte sie vom Mieminger Kletterclub. Zwei davon waren die Kinder des Club-Obmanns, nämlich Bernhard Ruech und seine Schwester Gabriele, von allen Bernie beziehungsweise Gabi genannt. Auf dem Heimweg von Niederthai bin ich ihm zum ersten Mal begegnet. Der junge Kerl wirkte auf den ersten Blick sehr sympathisch auf mich. Seine freundliche Art und sein Lachen hinterließen einen nicht mehr wegzudenkenden Eindruck bei mir. Ich hoffte so sehr, ihn wiederzusehen.

Bald danach traf ich ihn beim Training in der Kletterhalle in Imst. Papa sicherte mich, wie so oft, und Bernie kam gern zum Plaudern auf uns zu. Bei einer Gelegenheit, die wir offensichtlich beide abwarteten, verabredeten wir uns zum Klettern. Immer öfter gingen wir nun gemeinsam sowohl in die Halle als auch an den Fels. Bernie zeigte mir schöne Klettergebiete in der Umgebung, die ich bis dato noch nicht gekannt hatte.

Anders als ich ist Bernie mit dem Felsklettern groß geworden, und ich profitierte in großem Ausmaß von seiner Erfahrung in diesem Bereich. Nach unserem Kennenlernen führte mich Bernie vermehrt in das Felsklettern ein, und wir verbrachten viele gemeinsame Stunden an den natürlichen Wänden in unserer Heimat. Hin und wieder brachen wir übers Wochenende auch Richtung Norditalien auf, meistens verschlug es uns nach Arco oder Ceredo. Da Bernie einen festen Vollzeitjob bei der Firma Liebherr hatte, waren unsere gemeinsamen Kletteraktivitäten vorwiegend auf die Wochenenden beschränkt. Meine Verpflichtungen mit Training, Ausbildung und Sponsoren-Angelegenheiten ließen auch keinen größeren Spielraum zu. Dieser gelegentliche Wochenendrhythmus harmonierte also gut für uns beide.

Von Bernie habe ich in dieser Zeit vieles gelernt, vor allem Mut zu haben. Er ist wie eine starke Schulter, auf die ich mich stützen und an der ich mich aussprechen kann. Ihm geht die gute Laune nie aus. Gerade wegen seines Humors und seiner Stärke bin ich glücklich, ihn an meiner Seite zu haben.

Siege im Abonnement?

Nach den Jahren 2003 und 2004 riss meine Erfolgsserie nicht ab. Es folgten zwei weitere starke Jahre mit Seriensiegen in den Jahren 2005 und 2006. Beinahe hätte ich einen neuen Rekord mit acht aufeinanderfolgenden Weltcupsiegen aufgestellt. Siebenmal erreichte ich 2005 den obersten Podestplatz, bevor ich beim achten Weltcup „nur" auf dem zweiten Platz landete. Somit lag ich mit meinem früheren großen Vorbild Robyn Erbesfield, heute Erbesfield-Raboutou, gleichauf.

Danach setzte ich die Siegesserie fort. Weltcup Valence, Frankreich: Sieg. Und weiter zum Finalbewerb in Kranj, Slowenien: Tagessieg. Und die Trophäe des Gesamtweltcups packte ich auch gleich mit ein. Weiters eroberte ich in diesem herausragenden Jahr 2005 den dritten Sieg in Folge beim legendären Rock Master in Arco und sicherte mir meinen ersten Weltmeistertitel in München – und das mit einer sensationellen Leistung von 14 Zügen Vorsprung auf die zweitplatzierte Emily Harrington aus den USA.

Der Auftakt der nächsten Saison 2006 startete mit dem Weltcup in Puurs, Belgien. Abermals holte ich den Sieg und zog weiter. Weltcup in Dresden, Deutschland: Sieg. Weiter ging's zum nächsten Weltcup in Chamonix, Frankreich. Sieg.

Dann folgte die vielversprechende Asien-Weltcup-Tour mit drei Weltcup-Veranstaltungen am Stück, die ich allesamt hätte gewinnen müssen, um den Rekord zu brechen. Der erste fand in China in der Qinghai Province statt, in jenem Land also, das mich schon einmal so herzlich empfangen hatte und das ich trotzdem mit sehr widersprüchlichen Eindrücken verband. Die eklatante Kluft zwischen Reich und Arm und das offensichtliche Elend in den Millionenstädten hatte ich noch in bedrückender Erinnerung. Gleichzeitig hatte ich die dort lebenden, kletterbegeisterten Menschen ins Herz geschlossen. Es gelang mir abermals, ihnen mein Siegeslächeln zu schenken, und mit diesem Glücksgefühl reiste ich weiter nach Singapur zum nächsten Bewerb.

Dieser Inselstaat beeindruckte mich auf den ersten Blick mit seinen gepflegten und sauber gehaltenen Grünflächen und botanischen Gärten, in denen Vögel in nur allen denkbaren Farben herumflogen. Als ich den Veranstalter des Weltcups fragte, ob er mir einen sicheren Ort zum Laufen empfehlen könnte, antwortete er selbstbewusst: „Everywhere!"

„Even though you shake with your money, nobody will steal it!", ergänzte er mit stolzem Gesicht. Mit dieser Antwort hatte ich nicht gerechnet und noch weniger mit der Begründung dafür. In Singapur werden nämlich bis heute selbst die banalsten Missetaten mit äußerster Härte wie Auspeitschen oder Erhängen bestraft.

Singapur hat es ohne natürliche Ressourcen geschafft, eine boomende Wirtschaftsmetropole zu werden, und gehört mittlerweile zu den reichsten Staaten der Welt. Die üppige nächtliche Beleuchtung weit und breit und die vollakklimatisierten Räume ließen den hohen Standard erahnen. Auch das Hotel, in dem wir untergebracht waren, ließ nichts zu wünschen übrig. Wir hatten sogar einen großen Swimmingpool, inmitten von Palmen und prachtvollen Blumen.

In den trainings- und wettkampffreien Phasen verbrachte ich die Zeit mit meinen beiden österreichischen Teamgefährtinnen Babsi Bacher und Gerda Raffetseder, mit denen ich mich sehr gut verstand. Überhaupt schätzte ich damals die Atmosphäre in der Kletterszene sehr, denn sie war von

Siege wie beim Weltcup in China 2004 (unten, mit Muriel Sarkany und Caroline Ciavaldini) oder 2005 in meiner Heimatregion Imst (links oben) sind der Lohn harter Arbeit. Für das Bouldertraining nutze ich oft eine 45 Grad geneigte Wand (rechts oben).

gegenseitigem Wohlwollen und Respekt getragen. Bei allem Willen zum Siegen ging es immer auch um den Spaß und das harmonische Miteinander. Zu manchen Konkurrentinnen entwickelten sich regelrecht Freundschaften, und man freute sich, sich bei den Bewerben wiederzusehen. Auch der Wettkampf in Singapur war von dieser Stimmung getragen, was mir den magischen siebten Sieg in Folge versüßte. Weiter ging die Reise zum letzten Weltcup in Kuala Lumpur in Malaysia. Werde ich den alles entscheidenden Wettkampf zum neuen Rekord mit acht ungebrochenen Weltcupsiegen für mich entscheiden?

Souverän führte ich die Qualifikationsrunden an. Im Halbfinale ging es mir um nichts schlechter, und ich zog als Führende ins Finale. Ich kletterte dem Top entgegen, souverän und gekonnt. Mit meiner Hand griff ich bereits dem Sieg entgegen, da rutschte mir plötzlich der Fuß von der glatten Wand. Schnell tappte ich zurück zum vorherigen Griff, um den Sturz abzufangen – leider vergeblich. Ich fiel ins Seil und auf Rang drei zurück! Sieben auf einen Streich, aber der achte wollte nicht gelingen.

Wie oft hat ein Athlet den Flow, ungebremst einen Sieg nach dem anderen im Weltcup einzufangen? Äußerst selten, nehme ich an. Insofern hatte ich nun das Luxusproblem, einmal mit dem zweiten Rang zufrieden sein zu müssen. Ich hatte also berechtigten Grund, meine Vorstellung mit einem weinenden Auge und gleichzeitig einem lachendem Auge zu sehen. Denn trotz dieses Patzers waren meine Erfolge für den Sieg im Gesamtweltcup von 2006 mehr als ausreichend, den ich nun zum dritten Mal in Folge gewann. In dieser Saison sicherte ich mir zudem auch meine erste Sieger-Trophäe im Gesamtweltcup in der Kombinationswertung, die sich aus den Ergebnissen im Vorstiegsklettern und im Bouldern zusammensetzte.

DIE KEHRSEITE DER MEDAILLEN

Das Blatt wendet sich

Die ungebrochenen Seriensiege bei Weltcup-Veranstaltungen überraschten und überwältigten mich. Manchmal konnte ich es selbst kaum fassen. Zum Beispiel beim Weltcup in Zürich im Jahre 2007. Es kam mir beinahe zynisch vor, als ich im Finale bis zum Top kletterte, während alle anderen Finalistinnen bereits im unteren Drittel der Route scheiterten. Simon Wandeler, der verantwortliche Routensetzer bei diesem Weltcup, kam auf mich zu, verbeugte sich mit gefalteten Händen vor mir und sagte mit einem dicken „Smile" im Gesicht: „Danke! Du hast den Bewerb gerettet!"

Natürlich waren Siege dieser Art etwas Besonderes für mich und bereicherten meine Sammlung von schönen Momenten, aber es entwickelte sich auch eine Eigendynamik, die nicht nur angenehme Seiten hatte. Ich war nicht mehr der bewunderte junge Shootingstar, auf dem alle Hoffnungen lagen, ich war die Favoritin und musste mich der Rolle der Titelverteidigerin stellen. So seltsam es auch klingen mag: Mit jedem weiteren Sieg hatte ich mehr zu verlieren. Denn ich wusste, dass nichts ewig währt.

In Anbetracht meiner Seriensiege erwartete sich meine Umgebung stets, dass ich wieder und wieder gewinne. Aussagen wie „Glück brauch ich dir keines zu wünschen, du gewinnst ja eh wieder", bekam ich des Öfteren zu hören. Und manchmal schwang ein sarkastischer Unterton mit. Glaubten die etwa, dass meine Siege der Klapperstorch brachte? Wenn alles so einfach wäre, warum um alles in der Welt verbrachte ich dann so unendlich viele Stunden in der Kletterhalle? Egal, ob draußen die Sonne mit meinen Freunden lachte, ich mühte mich in der dunklen Halle einsam mit den schweren Zügen ab. Meine Erfolge wurden mir weiß Gott nicht geschenkt und sie waren alles andere als selbstverständlich, aber scheinbar sah nur ich, welch harter Einsatz und welche Disziplin hinter jedem einzelnen Sieg steckte. Deshalb empfand ich die „Prophezeiungen" dieser Kletterpropheten als sehr verletzend.

Mit Ende des Jahres 2007 riss meine Erfolgsserie ab. Die Slowenin Maja Vidmar kletterte in dieser Saison bei mehreren Weltcups meist hauchdünn an meiner Bestmarke vorbei und durfte verdient die Siegestrophäe des Gesamtweltcups mit nach Hause nehmen. Ich habe ihr diese Erfolge von Herzen gegönnt, zumal sie schon lange zuvor gelegentlich hinter mir auf Rang zwei gelandet ist. Die Zeit war also gekommen, dass sie sich nun auch einmal die goldenen Medaillen um den Hals hängen konnte. Außerdem sahen die silbernen Medaillen an mir auch nicht so schlecht aus. Auch wenn ich mit meiner eigenen Leistung nicht hundertprozentig zufrieden war, wünschte ich mir nie, dass die anderen Mitstreiterinnen im Wettkampf schlechter kletterten, damit ich wieder bessere Karten hätte. Das wäre ja reiner Selbstbetrug! Nur ich allein hatte die Verantwortung für mein Tun zu tragen, und wenn ich meine volle Zufriedenheit nicht erreichte, hatte ich eben an mir zu arbeiten und jene Dinge zu verbessern, denen mein Scheitern zuzuschreiben war. Früher oder später wird jemand kommen, der besser ist als man selbst – das ist die Situation, mit der jeder Athlet naturgemäß konfrontiert ist.

Aber ganz so weit war es noch nicht. Die Goldmedaille beim Rock Master landete in diesem Jahr 2007 abermals bei mir, und das bereits zum vierten Mal in meiner Karriere. Zudem gelang es mir, im gleichen Jahr bei der Weltmeisterschaft in Avilles, Frankreich, meinen Titel vom Jahre 2005 wieder zu holen. Dass meine dortige Zimmerkollegin Anna Stöhr und ich im „Weltmeisterinnen-Zimmer" hausten, stellte sich erst im Nachhinein heraus, denn auch sie sicherte sich in Avilles den Weltmeistertitel im Bouldern – zum ersten Mal in ihrer Karriere.

Ich weiß noch, wie nervös ich in der Zuschauermenge des Boulder-Finales gesessen bin, um meine Team- und Zimmerkollegin anzufeuern. Meine innere Anspannung währte allerdings nicht lange, denn Anna meisterte die Boulderprobleme mit einer derartigen Sicherheit und Leichtigkeit, dass ich nur noch staunen konnte. Ich war begeistert und strahlte mit ihr vor Glück um die Wette.

Meine beiden Teamkollegen Kilian „Kili" Fischhuber und David Lama konnte ich bedauerlicherweise nicht im Finale anfeuern, da beide bereits im Halbfinale scheiterten. Das fand ich sehr schade, denn ich kannte ihre Fähigkeiten und wusste, dass sie das Zeug zum Siegen hatten. Als fünffacher Weltcupgesamtsieger im Bouldern in den Jahren 2005, 2007, 2008, 2009 und 2010 hätte ich es mir für Kili von ganzem Herzen gewünscht, dass er zumindest einmal in seiner bahnbrechenden Karriere den Weltmeistertitel holte. David und Kili schienen die Situation allerdings recht gut wegzustecken, spätestens als sie mit Anna und mir auf die Weltmeistertitel anstießen, waren sie wieder gut gelaunt, und wir verbrachten einen lustigen Abend.

Diese Art des Zusammenseins gönnte ich mir damals leider recht selten. Mein striktes Programm von Ausbildung, Training, Wettkampf und Sponsoringaktivitäten erlaubte kaum Zeit für Freunde. Das bedauerte ich sehr. Aber es war mir bewusst, dass ich Prioritäten setzen musste, wenn ich meine eigenen Zielvorstellungen im sportlichen wie im beruflichen Bereich unter einen Hut bringen wollte. Daher bedeuteten mir diese wenigen entspannten Momenten in der Gemeinschaft sehr viel.

Ausgebrannt

Für eine Weile sollte der Sieg bei der Weltmeisterschaft in Avilles der letzte für mich sein. Heute weiß ich, dass ich mich zu dieser Zeit in einem ziemlich ausgebrannten Zustand befand, ich fühlte mich ständig müde, antriebslos und war anfällig für Infekte. Meine rigoros geplanten Wochen mit dem eng getakteten Arbeitspensum waren auf die Dauer einfach zu viel.

Mein Tag begann meist um 6:00 Uhr morgens und endete regelmäßig erst um Mitternacht, damit ich Training, Wettkampftermine, Sponsoringangelegenheiten und Abendkurse samt den selbstständigen Lerneinheiten unterbrachte. Zwar war ich diese langen Tage seit meiner Schulzeit in Innsbruck gewohnt, allerdings brachte das Dasein als Profi neue Verpflichtungen mit sich, die ich als Schülerin nicht hatte. Nicht zu vergessen ist, dass ich aus dem Hotel „Mama" ausgecheckt war. Bernie und ich zogen gemeinsam in eine Wohnung nach Imst. Das war das Ende von „automatisch" aufgeräumten Zimmern, gewaschener Wäsche und stets vollgefülltem Kühlschrank. Ich hätte nicht geglaubt, wie viel Zeit das eigenständige Haushalten in den eigenen vier Wänden beansprucht. Das wurde mir erst beim Ausziehen bewusst.

Auch wenn ich keine einzige meiner Entscheidungen bereute, häuften sich in dieser Lebensphase die Veränderungen, die an meinen Energien zehrten. Ich spürte die innere Unruhe, setzte mich parallel zu den automatisch von außen kommenden Verpflichtungen nochmals selbst unter Zeit- und Erfolgsdruck und nahm mir kaum frei für Freunde oder Familie. Benebelt von inneren Zwängen nahm ich alle meine Aufgaben sehr ernst und lebte in einer von mir selbst reglementierten Welt voll von Pflichten, in der Begriffe wie Freiheit oder Freude kaum vorkamen.

War es Zufall oder eine Verkettung ungünstiger Umstände, jedenfalls sorgte eine neue Konstellation in der Tiroler Kletterlandschaft dafür, dass meine Situation von Tag zu Tag schwieriger wurde.

Mit Johanna Ernst stieg ein neuer Stern am Kletterhimmel auf. Sie war sechs Jahre jünger als ich, hochtalentiert, extrem motiviert und wurde von ihrem Vater mit größtmöglicher Akribie gecoacht und trainiert. Die gesamte Familie zog eigens von der Steiermark nach Innsbruck, damit Johanna die besten Voraussetzungen für ihre Kletterkarriere fand. Im Tiroler Wettkletterverband übernahm ihr Vater von 2007 bis 2008 das Amt des Präsidenten. Der Weg, den er für seine Tochter vorsah, schien von ihm bis ins Detail geplant worden zu sein, ebenso wie er ihren Tagesablauf mit Training, Schule, Lernphasen und Freizeit genau strukturierte und dokumentierte. Mich beeindruckte, wie exakt er jedes Training mitverfolgte, sich Notizen dazu machte und die Trainingspläne immer weiter optimierte.

Johanna war damals tatsächlich in einer anderen Liga unterwegs. In der Nachwuchsklasse konnte ihr niemand das Wasser reichen. Sie kletterte in einem kompromisslosen, selbstsicheren Stil in sauberster dynamischer Technik. Ich sah ihr sehr gern beim Klettern zu. Sie kletterte sehr schwungvoll und zügig, während ich eher langsam und kontrolliert den Weg nach oben suchte. Es war eine große Herausforderung für mich, mit ihr mithalten zu können, denn mit dem Älterwerden wurde sie stärker und stärker.

Im Grunde verstand ich mich ganz gut mit Johanna, sie war eine sehr angenehme und fröhlich wirkende Person. Von ihrem allgegenwärtigen, alles kontrollierenden Vater aber, der mich scheinbar nicht als Mensch, sondern mehr als Konkurrenz betrachtete, die es auszuschalten galt, fühlte ich mich zunehmend bedroht.

Vielleicht übertrieb ich, aber ich bemerkte plötzlich scheinbar harmlose Gesten. Hier ein unterkühlter Blick, dort eine Bemerkung im Training oder ein Kommentar zu meinem Kletterstil. Ich fühlte mich zunehmend verunsichert. Es schien mir, als wolle er mir mit allen Mitteln zu verstehen geben, dass ich auf Dauer chancenlos bin. Von der wohlwollenden, respektvollen Atmosphäre, die ich im Team einst so geschätzt hatte, schien nicht mehr viel übrig geblieben zu sein.

Vom Typ her bin ich eher harmoniebedürftig und gehe Konflikten aus dem Weg, umso schwerer tat ich mir mit dieser neuen Situation. Bis dahin hatte ich geglaubt, ich sei unverwundbar und könne alles meistern, wenn ich nur hart genug an mir arbeitete und positiv dachte. Heute weiß ich, wie absurd diese Einstellung war.

Ich fühlte mich ausgeliefert, konnte und wollte mit niemandem über meine Situation sprechen und schaffte es nicht, allein dagegen anzukämpfen. Meine psychische und physische Verfassung war fragil und äußerst bedenklich.

Im Frühjahr 2008 erkrankte ich an einer Bauchgrippe, die sich mit starkem Brechreiz und Durchfall bemerkbar machte. Nachdem ich eine Woche bettlägerig war, wollte ich unbedingt wieder ins Training, denn ich fürchtete um meine Fitness. Ich raffte mich auf und schleppte mich in die Halle. Aber ich war chancenlos, hatte keine Kraft und mir war ständig übel. Ich entschied mich, meinen Arzt, Dr. Martin Pöll, in seiner Praxis in Ehrwald aufzusuchen. Er behandelte meine virale Erkrankung, erkundigte sich, wie es mir ging, und als ich ihm schließlich zögernd erzählt hatte, wie ich mich fühlte, fragte er mich, ob ich schon mal etwas von Mobbing gehört hätte. Er habe den Verdacht, dass ich ein Mobbingopfer sein könnte. Als Arzt und Freund klärte er mich über diverse Mobbingstrategien auf und gab mir ein Buch zu diesem Thema.

Nach insgesamt zwei Wochen fühlte ich mich endlich von der Bauchgrippe so weit erholt, dass ich wieder trainieren und die Abendschule besuchen konnte. Zwischenzeitlich nahm ich das Buch zur Hand und begann zu lesen. Es öffnete mir die Augen, und ich realisierte mit Entsetzen, dass die Überlegungen meines Arztes vermutlich in die richtige Richtung gingen. Aber ich war weit davon entfernt, an meiner Situation etwas ändern zu können. Der Zug, in dem ich saß, war nicht mehr aufzuhalten, und so kam, was kommen musste.

Der Nagel bricht

September 2008, Weltcup in Bern, Halbfinale: Durch den unteren Teil der Route marschierte ich recht solide, bis etwa zur Mitte, wo die Route vom rechten Wandbereich in den etwa eineinhalb Meter entfernten linken Teil querte. Mit meiner geringen Körpergröße hatte ich zu tun, um diese Traverse zu bewältigen. Mit Schwung erreichte ich mit meiner linken Hand den Griff auf der linken Wand. Die Haltung, in der ich mich nun befand, glich allerdings einem in die Waagrechte gestreckten Esel. Ich wollte gerade weiterziehen, als meine rechte Fußspitze, die durch diese lang gezogene Position kaum mehr Halt fand, vom Tritt im rechten Wandteil rutschte. Ich reagierte schnell, korrigierte und hielt das Bein in Position. Gleichzeitig hörte und fühlte ich einen Knacks in der linken Schulter, auf der ich meinen Körper gerade aufstützte.

Ich wollte die Bewegung fortsetzen und mit meiner rechten Hand zum nächsten Griff fassen, aber irgendwie weigerte sich mein Muskel, sich anzuspannen und Kraft zu übertragen. Ich sackte chancenlos in meine Schulter zurück. Stur kämpfte ich dagegen an und versuchte den Griff mit Schwung zu erreichen. Der Muskel reagierte wieder nicht, und ich fand mich im Seil hängend wieder.

Am Boden angekommen, bewegte ich vorsichtig meine Schulter. „Wird schon nicht so schlimm sein", versuchte ich mich selbst zu beruhigen. Die Physiotherapeutin des deutschen Nationalteams, die im Auftrag des Österreichischen Wettkletterverbandes auch für uns Athleten zuständig war, kam gleich herbei, untersuchte mich, brachte Eis, um die Verletzung zu kühlen, und meinte, ich solle schauen, wie sich die Sache über Nacht entwickelt, und dann meine Entscheidung treffen, denn trotz dieser verpatzten Leistung hatte ich mich noch fürs Finale qualifiziert. Und diese Chance wollte ich natürlich unbedingt nutzen.

Heiko Wilhelm, unser neuer Coach seit 2007, kam auf mich zu, versuchte mich aufzumuntern und sagte, er sei da, wenn ich etwas brauche. Er überreichte mir Schmerzmittel, damit ich zumindest eine erholsame Nacht hätte. Immerhin war es schon 22:00 Uhr. Ich steckte die Tabletten ein und schleppte mich müde ins Hotel. Mein Arm ließ sich nicht mehr richtig nach oben strecken. Zudem spürte ich langsam aufkommende Schmerzen. Trotzdem nahm ich die Schmerzmittel nicht. Ein Grund war dafür, dass ich generell alle Formen von Medikamenten ablehnte, um auf keinen Fall in die Nähe von Dopingverdacht zu geraten. Außerdem konnte ich ohne Schmerzmittel bewusst spüren, wie sich mein Zustand entwickelte.

Die Nacht war die Hölle auf Erden. Kein Auge habe ich zugemacht, so qualvoll wurden die Schmerzen. Zuerst spürte ich ein brennendes Stechen, dann ein feuriges Ziehen. Ich wanderte in meinem Zimmer auf und ab und versuchte alles, um mich zu entspannen: konzentrierte mich auf meinen Atem, fokussierte positive Gedanken und versuchte meine Energien zu sammeln. Denn ich wollte unbedingt im Finale starten.

„Ich habe ja noch Zeit. Die Nacht ist noch nicht vorbei", sagte ich leise zu mir, während mir immer wieder Tränen übers Gesicht liefen. Tief im Innern spürte ich genau, dass ich ernsthaft verletzt war, aber um nichts auf der Welt hätte ich diese Einsicht die Grenze des Bewusstseins übertreten lassen.

Am nächsten Morgen konnte ich den Arm noch immer nicht heben. Trotzdem beharrte ich darauf, im Finale anzutreten. In der Isolationszone behandelte mich wiederum die Physiotherapeutin der deutschen Nationalmannschaft. Sie riet mir dringend, einen Arzt aufzusuchen. Enttäuscht lag ich da und fragte sie weinend: „So schlimm wird die Verletzung ja wohl nicht sein, oder?" Sie antwortete kryptisch: „Davon gehen wir jetzt einfach mal aus." An einen Start im Finale war jedenfalls nicht mehr zu denken.

Mit Florian „Flo" Klingler, meinem damaligen Betreuer des ASP Red Bull Teams, trat ich die lange Heimreise an. Im Krankenhaus Zams erwartete mich schon mein Manager Peter. Er begleitete mich zum Arzt, ich wurde geröntgt. Das Röntgenbild zeigte keine Verletzungen im Bereich der Knochen. Zur weiteren Abklärung musste ich zu einem Schulterspezialisten, den ich mit Dr. Sperner im Sanatorium Kettenbrücke in Innsbruck fand. Das Untersuchungsergebnis war mehr als ernüchternd. Die Diagnose lautete: „komplexe Slap-Läsion kombiniert Typ III/IV". Dr. Sperner erklärte mir, dass das Labrum – ein weicher Faserknorpelring, der den Rand der Schulterpfanne umgibt – sowie die lange Bizepssehne stark beschädigt sind. Als ich das Knacken in der Halbfinalroute hörte und ein Instabilitätsgefühl spürte, kam es vermutlich zu einer Luxation des Oberarmkopfes, die diese Verletzungen verursachte. Aufgrund der großräumigen Ausdehnung der Labrum-Läsion mit schwerem Einriss bis in die lange Bizepssehne war eine chirurgische Behandlung notwendig. Dr. Sperner informierte mich sachlich und ruhig über meine Situation und erklärte mir, dass ich für mindestens ein halbes Jahr außer Gefecht gesetzt sei; außerdem sei es fraglich, ob ich je wieder Hochleistungssport ausüben könne.

Die Nachricht war ein Schock für mich. Ich fühlte, wie die Bitternis der Enttäuschung in mir aufstieg und sich wie ein Gift in meinem Körper breitmachte. Wie ein Stück faulendes Fleisch fiel ich zusammen und in ein tiefes, bodenloses Loch.

Klettern war mein Lebensinhalt, und jetzt sollte das alles auf einen Schlag vorbei sein?

Ich konnte es nicht fassen. „Wieso ich? Wieso das auch noch?", haderte ich mit meinem Schicksal. „Wie tief soll ich denn noch sinken? Ich lieg doch eh schon am Boden."

Zu Hause zog ich mich verzweifelt in mein Zimmer zurück, unfähig, mit irgendjemandem zu sprechen. Reini rief an, ich sah seine Nummer am Display des Handys, nahm den Anruf aber nicht an. „Reini, ich bin nicht in der Lage zu sprechen. Nicht jetzt. Bitte verzeih mir!", flüsterte ich leise. Ich weiß nicht, welche Personen noch versucht haben, mich zu erreichen – es ging einfach nicht.

Zurück auf Los

Diese Phase der Verletzung verpasste mir eine ordentliche Lektion, und ich realisierte, dass der einzige Nagel, an dem ich alles festgemacht hatte, gebrochen war. Durch meinen ausschließlichen Fokus auf Erfolg hatte ich mich selbst vergessen. Nun bekam ich die Rechnung dafür präsentiert. Zum zweiten Mal in meinem Leben wurde mir knallhart bewusst gemacht, was für ein grundlegend wichtiges Kapital die eigene Gesundheit ist. Und dass sie gepflegt werden will. Zudem sah ich mit einem Mal mit aller Deutlichkeit, wie sehr mir der regelmäßige Kontakt zu meiner Familie und zu meinen Freunden abgegangen war, dass ich meine wahren Bedürfnisse viel zu lange vernachlässigt hatte. Mit dem ausschließlichen Wunsch, für alle perfekt zu sein und alle Erwartungen erfüllen zu können, hatte ich mich selbst an den Abgrund manövriert. Dort stand ich nun und blickte ins Leere.

Die erzwungene Pause lehrte mich, meine Situation aus einer neuen Perspektive zu sehen: mich selbst wieder als Mensch wahrzunehmen – so wie ich bin und nicht wie ich glaubte, sein zu müssen.

Ich erkannte, dass ein einziger Nagel nicht ausreicht, um mir einen beständigen und sicheren Halt in meinem Leben zu geben. Ich musste weitere Nägel einschlagen, den Fokus meiner Prioritäten erweitern, um die Last gleichmäßig zu verteilen. Ich wollte nicht noch einmal vor dem Sturz ins Nichts stehen. Nun blieb mir gar nichts anderes übrig, als mir Zeit für das Jetzt zu nehmen, und ich lernte, den Wert des Moments zu erkennen und wie wichtig es ist, diese Momente mit meinen Liebsten zu teilen.

Ohne den Rückhalt meines engsten Familien- und Freundeskreises hätte ich womöglich nicht die Kraft gefunden, wieder aufzustehen. Mein engstes Umfeld meinte es aber sehr gut mit mir. Bernie nahm mich in den Arm und ließ mich wissen, dass er mir immer zur Seite stand. Reini bot mir jederzeit seine Hilfe und Unterstützung an. Robert, der Manager vom ASP Red Bull Team, besuchte mich und erzählte mir von seinen Erfahrungen mit verletzten Sportlern. „Die meisten kommen stärker zurück. Das ist jetzt deine Chance, an Dingen zu arbeiten, die im gewohnten Rhythmus vernachlässigt worden sind", sagte er mit zuversichtlicher Stimme und versicherte mir, dass ich mit seiner Hilfe die beste therapeutische Behandlung bekäme. Robert hatte mit seinen Athleten aus dem Skisport schon viele Durststrecken gemeistert. Er kannte sich aus. Ich spürte sein Vertrauen, dass ich es schaffen würde. Diese Unterstützung gab mir Hoffnung und meine innere Sicherheit zurück.

Robert Weber, mein Physiotherapeut, nahm die Situation gelassen. „Mir were des Ding schu schaukeln. Sinsch kannsch allwei no mit oan Arm klettern", meinte er augenzwinkernd. Ich liebte seinen Humor! Sein Schmäh brachte mich immer zum Lachen. Bei ihm fühlte ich mich gut aufgehoben, auch wenn es diesmal nur langsam aufwärtsging.

Neben den Therapien übte ich täglich daheim: Arm auf und ab, Ball hin und her. Ich kämpfte um jeden Zentimeter, aber der Arm wollte und wollte nicht hoch. Nach zwei Monaten mit intensivem Üben konnte ich meinen Arm immer noch nicht geradeaus strecken. „Das darf doch nicht wahr sein!", schimpfte ich frustriert. Die Lage schien manchmal hoffnungslos. Doch dann kamen sie doch, die ersten vielsagenden Erfolge. Der langsame, gediegene Aufbau schien sich zu lohnen.

Nach vier Monaten konnte ich meinen Arm wieder normal in alle Richtungen bewegen. Meine Muskeln befanden sich jedoch noch im Winterschlaf, beziehungsweise waren schlicht nicht mehr vorhanden. Weder Bizeps noch Schulter- noch Rückenmuskulatur. Nach einer neuerlichen MRT-Untersuchung bekam ich grünes Licht für ein erstes, ultraleichtes Krafttraining.

Gemeinsam mit Robert arbeitete ich mich schrittweise wieder in das Muskelaufbautraining ein. Nach weiteren zwei Monaten durfte ich endlich wieder klettern. Da habe ich erstmals gespürt, dass Routen im 8. Schwierigkeitsgrad richtig schwer sein können. Bewertung hin oder her: Ich kletterte wieder und hatte großen Spaß daran!

Anfangs musste ich noch sehr vorsichtig sein und gut in mich hineinhorchen, wie weit ich mit der Belastung gehen konnte. Nach einem Klettertag war ein Tag Pause angesagt. Die Schmerzen und das Risiko einer erneuten Verletzung waren zu groß. Dieses Spiel setzte sich eine Weile fort, bis ich vier Monate später wieder in den schwersten Routen herumturnen konnte. Nach ganzen 14 Monaten erwachten meine Muskeln endlich vollkommen, und ich konnte wieder an dem Punkt anknüpfen, wo ich damals beim Weltcup in Bern – in diesem einen kurzen Moment, der mich komplett aus der Bahn warf – hatte aufhören müssen.

Das Wichtigste, was ich aus diesem Schlüsselmoment lernte, war, auf meinen Körper zu hören. Er hatte mir ja schon lange davor signalisiert, dass ich dringend Erholung brauchte. Ich war ständig abgeschlagen, müde, gereizt. Doch ich wollte diese Signale nicht hören. Im übertragenen Sinn ließ ich das Telefon klingeln, bis mein Körper, der sich Gehör verschaffen wollte, mit Gewalt durch die Mauern brach. Ich lernte in dieser Phase, dass ich verdammt nochmal den Hörer abnehme, wenn es klingelt, und stellte im Nachhinein fest, dass mir die Auszeit sehr gutgetan hat.

Das Schönste daran war die Erfahrung, dass meine Familie, Bernie und alle meine Freunde und Kooperationspartner zu mir standen und mir durch diese Durststrecke halfen.

Eine Art Wiedergeburt

Meine Rückkehr in die Wettkampfszene war eine Art Wiedergeburt. Das spürte ich ganz besonders vor meinem ersten Wettkampf nach der Verletzungspause, bei der Weltmeisterschaft in Xining, China im Juli 2009. Dort erreichte ich einen hervorragenden fünften Platz. Johanna wurde verdiente Weltmeisterin. Beim darauffolgenden Heim-Weltcup stand ich schon am zweiten Podestplatz, dicht hinter Siegerin Johanna. Meine Sicherheit kam mit meinen mentalen und körperlichen Kräften Schritt für Schritt zurück.

Trotzdem erlebte ich während der Wettkämpfe manches Verhalten nach wie vor als gezielte psychische Attacken, und ich wusste, dass ich eine Lösung finden musste, mich davor zu schützen. Ich beschloss, von nun an nicht mehr die Rolle des Opfers einzunehmen, sondern meinen inneren Krieger zu mobilisieren. Mein Ziel war es, die provokanten Signale gar nicht erst aufzunehmen, sondern von vornherein abzufedern. Daran wollte ich arbeiten.

Auf die gleiche nonverbale Art und Weise, wie sie zuvor mir, gab nun ich ihnen zu verstehen, dass ich mich nicht mehr auf ihr Spielchen einlassen wollte.

Die Strategie schien aufzugehen. Bei den folgenden Bewerben kletterte ich Zug um Zug dem Siegertreppchen entgegen.

Beim Weltcup in Barcelona meisterte ich entschlossen einen Sprung etwa in der Hälfte der Route, der mir bei der Besichtigung schon ein Dorn im Auge war. Johanna scheiterte an dieser Stelle und verpasste somit den Einzug ins Finale. Dabei gehörten dynamisches Klettern und Springen eigentlich zu ihren Stärken. Ich jedenfalls war stolz auf meinen zweiten Rang und nahm die gewonnene Sicherheit mit zum nächsten Bewerb: dem legendären Rock Master in Arco, der mir ja in bester Erinnerung war.

Dort begegneten mir Unmengen bekannter Gesichter, die Atmosphäre war nahezu familiär. Meine Familie und Bernie sowie sämtliche meiner Freunde waren vor Ort, um sich dieses große Kletterspektakel nicht entgehen zu lassen.

Wie üblich startete der Bewerb mit dem Studieren der After-Work-Route. Das Auschecken der Route passte mir hervorragend ins Konzept, denn ich hatte in meiner operierten Schulter noch nicht zur absoluten Sicherheit zurückgefunden. Das Ausprobieren der Bewegungsabläufe half mir, einfühlsamer auf die Rückmeldungen meines Gelenkes zu reagieren und es nicht überzustrapazieren.

Im unteren Teil der Route befand sich eine unangenehme Stelle mit einem wackeligen Zug von einer kleinen Leiste zu einem wiederum schlechten Griff. Die Tritte waren abschüssig und ungünstig gesetzt. Ich packte die Leiste, zog kräftig durch, was sehr gut funktionierte. Etwa in der Hälfte der Route haderte ich mit einem sehr besorgniserregenden Zug. Ich musste, von rechts kommend, waagrecht weit nach links mit meinem linken Arm einen großen, aber abdrängenden und schlechten Griff fassen. Diese Passage beunruhigte mich, denn sie erinnerte mich fatal an die Position, in der ich mir damals beim Weltcup in Bern die Schulter ruiniert hatte.

Ich zögerte und tastete mich langsam heran. Wie ich es auch anging, ich schaffte es nicht, mich auf die Passage einzulassen, mich zu überwinden. „Wird meine Schulter halten?", ging es mir durch den Kopf. Ich war blockiert. Die Uhr tickte, ich wurde nervös, denn die Zeit rannte und drängte.

Konzentriert startete ich erneut, versuchte all meine Muskeln im Oberkörper anzuspannen, um sicher und kontrolliert den Zug abzufangen. Es funktionierte! Aufatmend kletterte ich weiter. Nach dieser heiklen Stelle waren die Züge weniger trickreich, aber dafür anhaltend schwer und ermüdend. Ich prägte mir alle Bewegungen gut ein, ganz besonders die heikle Passage in der Mitte.

Anderntags stand die On-Sight-Route am Programm. Johanna in Bestform. Mit Leichtigkeit meisterte sie Bewegung um Bewegung, keine Spur von Müdigkeit. Zum Zuschauen war es ein reiner Genuss! Verdient setzte Johanna damit die Bestleistung.

Am nächsten Tag ging es zur After-Work-Route. Den unteren Teil mit der wackeligen Leisten-Passage meisterte ich problemlos. Dann wartete mein ungeliebter Zug weit nach links. Ich blieb fokussiert und setzte die Bewegung genauso um, wie ich sie einstudiert hatte. Ich fasste weit nach links, waagrecht hinüber zum großen, schlechten Griff, hielt die Spannung und bewältigte die Stelle. Erleichtert und wohlauf „marschierte" ich weiter. Jetzt tobte ich mich aus, kletterte weit hinauf bis einige Züge unterhalb des Tops und kämpfte bis zum Schluss. Mit der erreichten Höhe lag ich klar in Führung.

Dann startete Johanna. Für ihren Sieg würde es reichen, wenn sie die Route nicht ganz so weit wie ich bewältigte, da beide Durchgänge, also die Wertung der On-Sight- und der After-Work-Route, letztendlich zusammengezählt wurden.

Im unteren Teil verweilte sie kurz an der unangenehmen „Leisten-Passage". Ich packte gerade meine Klettersachen zusammen und warf einen Blick in meinen Rucksack. Als ich wieder aufschaute, sah ich sie nicht mehr an der gleichen Stelle. Die Passage war ihr zum Verhängnis geworden, sie war im Seil gelandet und stand enttäuscht auf dem Boden der Tatsachen. Solche plötzlichen und unerwarteten Wendungen sind seltsam, aber so unberechenbar ist der Sport: Er verzeiht keine Fehler.

Somit war ich wieder am obersten Siegertreppchen zurück. Mit meinem fünften Sieg beim Rock Master hatte ich zudem den bestehenden Rekord von Kletterlegende Lynn Hill erreicht.

Im Jahr darauf wurde die Europameisterschaft am neu errichteten Kletterturm in Imst ausgetragen. Wettkämpfe in der eigenen Heimat waren schon immer etwas Besonderes. Als ich 16 Jahre alt war, nahm ich erstmals an einem Weltcup in meiner Heimatregion Imst teil. Damals erreichte ich völlig unerwartet den elften Rang, den ich im Jahr darauf um sieben Plätze verbesserte. Von da an landete ich bei vier von fünf weiteren Weltcups daheim in Imst am Podest, in den Jahren 2004, 2005 und 2007 sogar jeweils am obersten Treppchen.

Es ist mir ein Rätsel, wie ich bei diesen Heimbewerben so über mich selbst hinauswachsen konnte, wo doch der Druck, der zum einen Teil unbewusst von außen kam und den ich mir zum anderen Teil selbst machte, in dieser Situation enorm war. Auf dem Lokalmatador liegen immer besonders hohe Erwartungen, und in Imst waren alle Augen auf mich gerichtet. Die regionalen Medien heizten diesen Wirbel noch an. Aber der eigenen Heimat kommt schon eine essentielle Bedeutung zu. Heimat ist weit mehr als nur ein Wort. Sie berührt die Sinne, stimuliert positive Gefühle und schenkt Vertrauen und Sicherheit. Hier kann ich innere Ruhe finden und Energien sammeln. Bei Wettkämpfen kommt dem Heimpublikum natürlich eine entscheidende Rolle zu: Es wirkt wie ein Aufwind, der einen emporträgt, wenn Menschen an einen glauben und begeistert sind.

So geschah es auch bei der Heim-Europameisterschaft im Jahre 2010. Ich bewältigte beide Qualifikationsrunden bis zum Top und erreichte im Semifinale die Bestmarke mit zehn Griffen Vorsprung auf die zweitgereihte Johanna Ernst. Das bedeutete, dass ich als Letzte im Finale an den Start gehen und somit einem hohen Erwartungsdruck standhalten musste. Beim Gang in die Isolationszone fühlte ich mich abermals mit provozierenden nonverbalen Botschaften konfrontiert, aber ich versuchte, mich dadurch nicht verunsichern zu lassen, und startete mein Aufwärmprogramm mit lockerem Laufen und Kreisbewegungen aller Gelenke. Anschließend dehnte ich kurz der Reihe nach meine Muskeln. Die oberen Extremitäten, vor allem die Ober- und Unterarme, dehnte ich generell vor einer Belastung nur für fünf Sekunden, damit ich den notwendigen Tonus, also den Spannungszustand der Muskeln,

Mein Idol Lynn Hill und ich im Zuschauerfeld des Rock-Master-Geländes in Arco.

aufrechterhalte. Die unteren Extremitäten sowie die Hüfte hielt ich für etwa 15 Sekunden unter Dehnung. Gut vorgewärmt, kletterte ich leichte Züge, deren Intensität ich zunehmend steigerte. Erfahrungsgemäß eignen sich bei mir wenige und spritzige oder technisch orientierte Bewegungen besser als viele Züge. Der Energiestoffwechsel ohne Laktatansammlung, der bei kurzen Belastungen vorkommt, ist leichter zu kompensieren als jener laktazide Stoffwechsel, der für die Kraftausdauer verantwortlich ist. Zum Schluss locker auslaufen – fertig. Die Erholungsphasen zwischen den einzelnen Aufwärmeinheiten nutzte ich zum Entspannen.

Ich kann mich noch sehr gut an mein Gefühl vor dem Start erinnern. Die Nervosität, die meinen Körper durchdrang, war wie ein Echo in meinen Gedanken zu hören. Aber sie verschwand, als ich die Wettkampfbühne betrat. Nach der langen, beißenden Durststrecke, die ich durchstanden hatte, schätzte ich jeden Moment, den ich kletternd verbringen durfte.

Der Einstieg forderte bereits eine ganze Portion Konzentration und Kraft. Meine Fitness war jedoch gut. Pro erreichten Griff stieg meine Sicherheit.

Mein Traum wurde wahr:
Erster Europameistertitel 2010.
Und dazu noch in meiner
Heimatregion Imst!
Ich weinte vor Freude.

Mit dem Rückenwind des Publikums kämpfte ich mich hoch, bis knapp vor das Top. Bestmarke! Ich konnte es kaum glauben. Ohne Einfluss auf meine Reaktionen nehmen zu können, flossen mir die Tränen über die Wangen. Ich verbarg mein Gesicht in meinen Händen und versuchte zu fassen, was eben geschah. Ich hatte mir gerade den ersten Europameistertitel in meiner Karriere gesichert. Ein unvergessliches Finale!

Weltmeisterlich klettern

Der Sieg bei der Heim-Europameisterschaft 2010 motivierte mich, hart für die anstehenden Bewerbe der nächsten Saison zu trainieren. Besonders wichtig war mir die Weltmeisterschaft im Juli 2011 in Arco. Durch meinen ersten großen Triumph dort im Jahr 2003 und die weiteren Siege beim Rock Master verbinde ich sehr viele positive Erinnerungen mit diesem Ort. Leider kamen diesmal zwei Dinge hinzu, die meine Vorbereitung erschwerten. Zum einen stand die große Abschlussprüfung an der Handelsakademie bevor, wodurch ich viele Stunden hinter Büchern verbrachte; zum anderen brach ich mir im Frühling 2011 den Mittelfußknochen.

Wie das passierte, ist schnell erklärt: Bernie und ich übersiedelten gemeinsam mit meiner Familie in ein Haus und bauten uns dort eine Wohnung aus. Auf der Baustelle bin ich unglücklich über den Bauschutt gestolpert – autsch.

Der Arzt ordnete an, dass ich den Fuß vier Wochen lang nicht belasten sollte. Das schien machbar, denn ich dachte sofort an ein einbeiniges Trainingsprogramm. Statt mit den anderen ins Trainingslager nach Spanien zu fahren, versuchte ich die verpasste Trainingsmöglichkeit zu Hause mit Therapien und Krafttraining zu kompensieren. Anders als zunächst erwartet, machten mir die abwechslungsreichen Trainingseinheiten sogar Spaß, die ich vorwiegend in den nahezu waagrechten Überhängen der Kletterhalle Imst absolvierte. In Überhängen verringerte sich nämlich das Risiko, dass ich im Falle eines Falles mit meinem gebrochenen Bein gegen die Wand prallte, denn der Sturzraum bot hier reichlich Luft. Und die hat bekanntlich keine Ecken und Kanten.

Mit Routenklettern startete ich das Training und übte so meine technischen Fertigkeiten und konditionellen Fähigkeiten. Zunächst wählte ich zwei leichtere Routen und kletterte sie einbeinig, versteht sich. Eine Einschränkung, die mich sowohl mental wie physisch ungewohnt forderte. Bei jeder Bewegung musste ich mir gut überlegen, wo ich mit meinem gesunden Bein hintrat und wie ich den Körper positionierte, um den nachfolgenden Griff zu erreichen. Diese Art des Kletterns kostete sehr viel Kraft, und ich schnaufte mich angestrengt zum Top. Damit ich nicht schon nach der zweiten Route das Training völlig erschöpft beenden musste, suchte ich beim nächsten Versuch nach ökonomischeren Wegen zum Ziel. Mit der Zeit wuchs meine Sicherheit, und ich fand effektivere technische Lösungsansätze. Aus diesem Grund erhöhte ich von Trainingseinheit zu Trainingseinheit den Schwierigkeitsgrad und gestaltete die Einheiten so variantenreich wie nur möglich. Diese neue Art zu trainieren machte mir richtiggehend Spaß und tröstete mich über den Verdruss der Verletzung hinweg.

Neben dem Training blieb noch genügend Zeit zum Lernen für die anstehende Abschlussprüfung an der Handelsakademie, die ich im Mai mit Bravour absolvierte. Die bestandene Diplomprüfung berechtigte mich zur Unternehmensgründung – und das wollte ich mit dieser Ausbildung erreichen. An diesem Punkt beschäftigte ich mich erstmals mit dem Gedanken, welche Laufbahn ich nach meiner Wettkampfkarriere einschlagen möchte.

„Bernie, hast du nicht Lust, gemeinsam mit mir ein Unternehmen zu gründen, in dem wir Kletterkurse und Routenbau anbieten?", fragte ich meinen Lebensgefährten.

„Hmm … klingt gar nicht so schlecht."

Bernie und ich leiteten gelegentlich Kinderkurse für unseren Verein in Imst beziehungsweise in Telfs. Begleitend dazu baute Bernie regelmäßig Routen für kleinere vereinsbetriebene Kletterhallen. Da ich ja noch Wettkämpfe bestritt und nur wenig Zeit hatte, fragten wir unseren Kollegen Emanuel Soraperra, ob er bei unserer Unternehmensgründung mit von der Partie wäre. Bernie wusste, dass Emanuel – ebenso wie er selbst – schon länger mit dem Gedanken spielte, seine Anstellung an den Nagel zu hängen, um sich selbstständig zu machen. Ohne langes Zögern willigte er ein, und wir entwickelten zu dritt einen sogenannten Businessplan für unsere Geschäftsidee. Mit diesem Dokument gingen wir zur Wirtschaftskammer, um uns die Gewerbeberechtigung zu besorgen, und zum Finanzamt, um die Eintragung als Unternehmen vorzunehmen. Wir nannten uns „K3-Climbing". Damit war noch lange nicht Schluss mit den Formalitäten, denn es folgten noch weitere Bürokratieläufe zum Beispiel in die Sozialversicherungsanstalt, in die Bank oder zum Steuerberater. Zum Glück waren wir Sportler ...

Mit dieser spannenden Veränderung im Gepäck, die meine Existenz auch nach der Wettkampfkarriere sichern sollte, fokussierte ich mich auf die anstehende Weltmeisterschaft in Arco. Endlich war es so weit, die Verletzung war verheilt, und das große Event stand bevor. Mit zufriedenstellenden Qualifikationsrunden und einem guten Halbfinale qualifizierte ich mich für die Endrunde. Und diese sollte ein unvergessliches Erlebnis werden.

Im Finale scheiterten die ersten vier Athletinnen an derselben Stelle: ein vermeintlich sehr schwieriger Sprung von links nach rechts. Ich erreichte diese Passage und musste ebenfalls bemerken, dass der nächste Griff ziemlich weit entfernt war. „Springen? – Niemals! Viel zu riskant." Kurzerhand legte ich mir eine andere Strategie zurecht.

„Ich könnte versuchen, mithilfe einer Pendelbewegung den Griff mit meinem Bein zu fassen." Überzeugt, dass das gelingen könnte, holte ich Schwung und setzte an.

Reini erzählte mir später, dass er beim Zuschauen gedacht hatte: „Oje, was macht sie denn jetzt? Schwungbein? Das ist ja völlig falsch! Wieso sieht Angy denn nicht, dass sie springen muss?"

Mein Bein schwang zum Griff, aber ich konnte ihn nur berühren und blieb nicht, wie erwartet, an ihm hängen.

„Egal! Berührt ist gezielt. Beim nächsten Versuch geht es sich aus!" Ich atmete kurz durch, um mich, so gut es ging, zu erholen.

Ich spürte, wie der Puls runterging und ich ruhiger wurde. Die Zeit drängte. Ich musste weiter und packte erneut an. Wieder pendelte ich gezielt mit dem Bein zum Griff, und nun erwischte ich ihn tatsächlich mit dem Fuß. Mit extremer Körperspannung und purer Kraft gelang es mir tatsächlich, nun auch mit der Hand zu diesem verflixten rundlichen Griff zu greifen, auf dem sich bereits mein rechter Fuß befand. „Die Stelle wäre gemeistert!", redete ich mir selbst gut zu. „Jetzt bleib dran, Angy, und gib Gas, denn du hast nicht mehr viel Zeit!"

Ich holte alles raus, was ich nur hatte, und kämpfte bis zur letzten Sekunde, dann fiel ich erschöpft ins Seil. Am Boden angekommen, wusste ich nicht, wie ich das Resultat meiner Leistung einstufen konnte. Es dauerte ein paar Minuten, bis ich vom Schiedsrichter gebeten wurde, als aktuelle Siegesanwärterin auf die Tribüne zu gehen. Hier durfte ich so lange sein, bis sich eine der nächsten drei Finalistinnen den Vorsprung holte.

Johanna kletterte bereits in dem für sie typischen zügigen Tempo die untersten Meter der gelben Wand empor. Sie wirkte sehr entschlossen und sicher mit ihren eleganten, dynamischen Bewegungen. Nun erreichte sie die kritische Stelle. „Das wird kein Problem für sie sein", dachte ich bei mir, denn Johannas Stärken liegen im Springen, und das konnte ich auch an ihrer geschickten Ausholbewegung erkennen, mit der sie zum Sprung ansetzen wollte. Sie wirkte zwar schon etwas müde, war aber sehr konzentriert und zögerte nicht lange. Mit ausgestreckten Armen sprang sie zum Griff hinüber, fasste ihn und beinahe im gleichen Moment pendelten ihre Beine waagrecht weg. Sie konnte den Schwung nicht abfangen, rutschte vom Griff und fiel ins Seil. Damit hätte ich niemals gerechnet.

Als Nächste ging mit Magdalena Röck eine weitere Teamkollegin von mir an den Start. Sie galt als junge aufstrebende Kletterin und hatte bereits in den Jugendbewerben für Aufsehen gesorgt. Es war klar, dass sie noch Großes erreichen könnte. In ihrer Altersklasse verbuchte sie bereits einen Jugendweltmeistertitel, und auch hier, bei den Weltmeisterschaften in Arco, zeigte sie deutlich, dass mit ihr zu rechnen war. Nicht umsonst zog sie als Zweitplatzierte ins Finale ein. Auch Magdalena bewegte sich zügig und sicher von Griff zu Griff. Auf den ersten Blick war klar, dass sie über das notwendige Talent und die Fitness verfügte, die der Kampf um den Titel verlangte. Als junge Athletin genoss sie zudem die Stellung des Newcomers, von dem ein Sieg erhofft, aber nicht erwartet wird.

In flotter Manier erreichte sie die Schlüsselstelle. Magdalena zögerte nicht lange und sprang. Sie fasste den Griff und versuchte geschickt, den Schwung des Körpers auszupendeln, aber es dauerte nicht lange, bis auch bei ihr das Gesetz der Gravitation siegte. Somit durfte ich weiterhin auf meinem Platz bleiben.

Nun wurde es spannend, denn mit der Koreanerin Ja-In Kim ging die aktuell Weltcupführende als astreine Favoritin an den Start. Ja-In bewegte sich geschmeidig die ersten Meter der Finalroute hinauf. Ihr beim Klettern zuzuschauen wirkte nahezu meditativ auf mich. Ihre Bewegungen waren unglaublich ästhetisch, sie schien keine Schwerkraft zu kennen. Ja-In war sehr beweglich und brachte ihren Körper so nah an die Wand, wie ich es kaum jemals sah. In ruhigen, dennoch zügigen Schritten setzte sie Bewegung für Bewegung an.

Alles geben, alles bekommen:
Weltmeisterschaft 2011 in Arco.
Mein Sportarzt Dr. Martin Pöll
freute sich zutiefst mit mir über
diesen Erfolg.

Sie schien sehr gelassen und sicher zu sein, keine Spur von Anstrengung war zu bemerken. Vielleicht hätte sie noch genügend Kraftreserven, um die heikle Passage mit einem Sprung oder einer anderen Methode zu meistern.

Mich überraschte, dass auch Ja-In zum Sprung ansetzte, ohne lange zu überlegen. Entweder wusste sie als erfahrene Athletin ihre Fähigkeiten so gut einzuschätzen oder ihre Kraft ließ keinen Spielraum für langes Überlegen zu. Wie auch immer: Ja-In erwischte den Griff, konnte ihn aber keine Sekunde lang halten. Ich dachte, ich sehe nicht recht. „Soll das heißen, dass ich …?" Ich hatte tatsächlich zum dritten Mal den Weltmeistertitel geholt! Die Gefühle überwältigten mich, ich war erleichtert, glücklich und stolz. Und unendlich dankbar. „Wäre dies nicht der richtige Zeitpunkt", so fragte ich mich, „unter meiner Wettkampfkarriere den Summenstrich zu ziehen?"

An dieser Stelle muss ich anführen, dass sich Johanna Ernst 2013 überraschend vom Wettkampfgeschehen verabschiedete. Das fand ich schade, denn sie hatte ihre großen Erfolge mehr als verdient. In den Jahren 2008 und 2009 entschied sie den Gesamtweltcup im Vorstieg für sich, obendrein kürte sie sich 2008 als damals erst 16-Jährige zur jüngsten Europameisterin und 2009 zur jüngsten Weltmeisterin in der Klettergeschichte. Ihr Vater ist im Jahr 2017 verstorben. Die Nachricht hat mich sehr betroffen gemacht und im Nachhinein bedaure ich es sehr, dass ich keine Möglichkeit mehr habe, mit ihm über die von mir damals zumindest als sehr schlimm empfundenen Vorfälle, unter denen ich litt, persönlich zu sprechen.

Ausflug mit Folgen

Nach der Weltmeisterschaft in Arco setzte ich mir zum Ziel, mein Kletterkönnen mehr ins Gebirge zu verlagern. Der Unterschied zwischen dem reinen Sportklettern und alpinem Sportklettern liegt darin, dass man beim Sportklettern kurze (das heißt zwischen 20 und 50 Meter lange) Routen klettert, während man im Gebirge mehrere hundert Meter hohe Wände durchsteigen will. Nun könntest du meinen, das bedeutet nichts anderes, als mehrere solche kurze Sportkletterrouten aneinanderzureihen. Aber da täuschst du dich, denn im Gebirge kommen noch ganz andere Anforderungen und Aspekte hinzu.

Das beginnt damit, dass die Klettergärten zum Sportklettern meist talnah liegen und in der Regel in wenigen Minuten gut zu Fuß erreichbar sind, während man bei den meisten Mehrseillängentouren einen längeren Zustieg von einer bis zu mehreren Stunden einkalkulieren muss und sich dann hoch im Gebirge befindet. Dort lauern ganz andere Gefahren als in der Halle oder im Klettergarten. Das Wetter spielt dabei eine entscheidende Rolle! Da man durch die Länge des Zu- und Abstiegs sowie der Route selbst sehr viel mehr Zeit benötigt, muss man die Wettersituation bereits im Vorfeld abchecken und während der Aktion im Auge behalten. Außerdem darf man beim Klettern in höheren Wänden das Risiko von Steinschlag nicht auf die leichte Schulter nehmen. In diesen Wänden befinden sich immer irgendwo Absätze oder Bänder mit losem Gestein, wo durch Vorauskletternde, durch Regen und Wind oder auch durch Tiere Steinschlag ausgelöst werden kann.

Damals konnte ich diese Gefahren noch nicht einschätzen und stürzte mich quasi unwissend und leichtsinnig ins Abenteuer. Bernie, der mich bei diesem Aufbruch ins Neuland begleitete, hatte genauso wenig alpine Erfahrung wie ich. Wir waren also in jeder Hinsicht ein gleichberechtigtes Team, als wir zur Hohen Munde aufbrachen, dem Telfer Hausberg, der das Inntal mit seinen mächtigen Südwänden um mehr als 1000 Meter überragt. Genau diese Felswände waren unser Ziel.

Routinierte Alpinisten wissen vermutlich, dass sich die schweren Routen in diesen Wänden nicht gerade dazu eignen, um als astreine Anfänger in dieser Disziplin Erfahrung zu sammeln, denn der Zustieg ist weit, das Gestein mitunter sehr brüchig, die Orientierung nicht leicht. All das sollten wir bei unserem ersten Ausflug ins Gebirge erfahren.

Wir wanderten zunächst durch Wald und Wiesen, bis wir weglos in einem trockenen, mit großen Felsblöcken gefüllten Bachbett weiter emporstiegen. Anfangs überwanden wir das steile Gelände noch mit großen Schritten, aber die Hitze und die vollbeladenen Rucksäcke machten uns bald ordentlich zu schaffen. Nach gut zwei Stunden waren wir endlich am Wandfuß angelangt. Der Fels ragte hoch über uns in den zwar blauen, aber leicht von Wolken durchzogenen Himmel.

Mit großem Respekt vor dem, was vor uns lag, und gleichzeitig voller Tatendrang standen wir endlich am Einstieg. Ich nahm den Rucksack von meinen Schultern, zog Klettergurt, Helm und Kletterschuhe an und rüstete mich mit allem weiteren Material, das ich für die nächsten Seillängen benötigte.

Hochkonzentriert stand Bernie neben mir und checkte die Lage. Wir besprachen den Ablauf, wie wir planmäßig vorgehen und während des Kletterns miteinander kommunizieren wollten.

Versierte Kletterer benutzen bei Mehrseillängenrouten gern sogenannte Seilsignale zur Verständigung. Das hat viele Vorteile, insbesondere in Seillängen, wo man sich aus den Augen verliert. Das ist beispielsweise dann der Fall, wenn ein Standplatz in einer Wandausbuchtung platziert ist. Wenn der vorsteigende Kletterer aus dieser steilen Passage hinausklettert und folglich hinter einer Dachkante verschwindet, sehe ich als sichernder Partner meinen Kollegen nicht mehr. Dann ist es gut, wenn man sich mittels Seilsignalen verständigen kann. Wenn der Kletterer oben am nächsten Standplatz ankommt und seine Selbstsicherung fixiert hat, zieht er dreimal deutlich am Seil, damit der Sicherer darüber informiert ist, dass der Vorsteiger den Standplatz erreicht hat und den Seilzweiten nun sichern kann.

Dieses und weitere Seilzeichen hatten wir vereinbart, dann stieg ich ein. Ich kletterte die erste leichte Länge und boulderte die schwerere zweite Schlüssellänge gleich aus. An den Bewegungen fand ich großen Gefallen. Die Kletterei wechselte zwischen leichten und anspruchsvollen Passagen ab. Am Top der zweiten Seillänge angekommen, seilte mich Bernie wieder zum Einstieg ab, damit ich später einen Durchstiegsversuch starten konnte.

Nun sicherte ich Bernie bis zum ersten Stand, und er holte mich nach. In meinem Körper fühlte ich die leichte Anspannung positiver Aufregung. „Jetzt geht's los!", sagte ich leise zu mir.

Leicht unkonzentriert, wie ich nun im Nachstieg kletterte, kam ich etwas von der Linie ab, suchte Halt an einem guten Griff und fasste nach einem großen Felsbrocken vor mir. Plötzlich löste sich dieser Stein vom Fels wie ein Apfel vom Ast. Ich hielt ihn kurz mit beiden Händen, dann schlug er mir genau auf meinen Oberschenkel. Jauchzend und um Luft ringend hing ich im Seil. Ein komisches Gefühl überkam mich. Einerseits spürte ich große Schmerzen, andererseits kam mir alles nicht so wild vor. Ich versuchte ruhig und tief zu atmen, aber der Körper reagierte reflexartig, ohne dass ich Einfluss darauf nehmen konnte.

Bernie rief erschrocken herunter und fragte, was los sei. Als meine Benommenheit wich, antwortete ich, dass alles okay sei, ich aber eine Pause bräuchte. Wir seilten zum Einstieg zurück. Ich hatte einen ziemlich großen blauen Fleck, der sich über das gesamte Bein zog, und eine aufgeschürfte

Hand. Ich spürte zwar Schmerzen, aber so weit ging es mir gut. „Vermutlich eine Prellung, nichts Ernstes!", dachte ich. Dennoch war ich nicht mehr in der Lage, mein Bein richtig zu belasten. „Bernie, mit dem Klettern wird es heute wohl nichts mehr werden." Das Abenteuer Alpinklettern war also für heute schon vorbei, noch bevor es richtig begann. Enttäuscht packten wir unsere Rucksäcke und marschierten wieder hinab. Wobei marschieren in meinem Fall etwas zu viel gesagt ist. Vier Stunden brauchten wir bis hinunter zum Ausgangspunkt. Komischerweise sang ich die ganze Zeit, was sonst nicht meine Art ist. Warum ich zu singen anfing, wurde mir erst klar, als ich etwa eine Woche später wegen der anhaltenden Schmerzen doch einen Arzt aufsuchte. Er diagnostizierte eine starke Muskelquetschung und einen Wadenbeinbruch. Was nun folgte, war eine weitere vierwöchige „Einbein-Trainingsession". Aber das kannte ich mittlerweile ja schon.

Dieses unglückliche Bergerlebnis warf mich zwar kurz aus der Bahn, an meiner Lust nach „Mehr" hatte es aber grundsätzlich nichts geändert. Nachdem ich in einigen leichteren Mehrseillängenrouten etwas Erfahrung gesammelt hatte, suchte ich mir mit „Boulevard of broken Dreams", 8a eine schwierigere Herausforderung. Diese anspruchsvolle und gleichzeitig reizvolle lange Route befindet sich im Klettergebiet Nösslach im Ötztal und wurde 2008 von Albert Leichtfried eingerichtet und erstbegangen. Mit einer Wandhöhe von gut 200 Metern und sieben Seillängen in überhängendem Fels ist sie ein echter Ausdauerhammer – von den athletischen Einzelstellen ganz zu schweigen. Nachdem ich einige Jahre vorher bereits einmal in der Route war, gelang mir 2014 die Rotpunkt-Begehung. Dieses Erfolgserlebnis gab natürlich Rückenwind für weitere Unternehmungen dieser Art. Die Flash-Begehung von Daniel Gebels „Halteverbot", 8a+/8b in den Tannheimer Bergen zählt dabei für mich zu den Höhepunkten im alpinen Sportklettern.

Vollgas in die letzte Saison

Obwohl ich mich nach dem Sieg bei der Weltmeisterschaft in Arco mit dem Gedanken trug, meine Wettkampfkarriere zu beenden, fand ich mich in der folgenden Saison abermals auf einer Weltmeisterschaft wieder.

Bis dato wurden Weltmeisterschaften im Zwei-Jahres-Rhythmus ausgetragen. Aufgrund des Ziels, Klettern olympisch zu machen, änderte der internationale Wettkletterverband jedoch nun die zeitliche Struktur und setzte 2012 eine Weltmeisterschaft in Paris an.

Ich ließ mich nicht lange betteln und entschied, eine weitere Wettkampfsaison lang bei ausgesuchten Bewerben Vollgas zu geben.

Zunächst startete ich bei den nationalen Bewerben, die seitens des Kletterverbandes Österreich verpflichtend waren. Vor der Weltmeisterschaft in Paris bestritt ich einen Weltcup, nämlich jenen bei mir daheim in Imst, verpasste aber den Einzug ins Finale und landete nur auf Rang elf. Zum Ausgleich durfte ich mich beim legendären Rock Master in Arco über meinen sechsten Sieg freuen! Das war ein neuer Rekord – niemand vor und nach mir hat den Rock Master öfter gewonnen als ich. Dieses Gefühl war die beste Voraussetzung für die Weltmeisterschaft in Paris.

Paris ließ sich nicht lumpen und offerierte dem zahlreich angereisten Publikum eine glänzende Kulisse und spektakuläre Showacts. Nicht zuletzt lieferten wir hochmotivierten Athleten spannungsgeladene Szenen. Die Herzen der Zuschauer standen in Flammen. Der Moderator heizte die Stimmung noch zusätzlich an, als ich die Wettkampfarena betrat: „La prochaine finaliste et Champion du Monde de l'année passée. L'applaudissements pour l'autrichienne Angela Eiter!" Es war eine euphorische Stimmung – genau die Atmosphäre, die einen das Beste aus sich selbst herausholen lässt. Dass meine Form nach wie vor stimmte, bestätigte ich mit der Bestmarke im Finale. Mit vier Griffen Vorsprung verteidigte ich meinen Titel und kürte mich zum vierten Mal zur Weltmeisterin.

Nach dieser Weltmeisterschaft traf ich den endgültigen Entschluss, mich vom Wettkampfklettern zu verabschieden, machte meine Entscheidung aber noch nicht offiziell, denn aufgrund des letzten Weltmeistertitels von 2012 bekam ich eine Startberechtigung bei den World Games 2013, die in Cali, Kolumbien stattfinden sollten. Die World Games werden alle vier Jahre ausgetragen, sie sind kein klassischer Kletterwettkampf, sondern eine Art

Erfolgsjahr 2012: Auf dem Weg zu meinem vierten Weltmeistertitel in Paris (o. r.) und zum sechsten Sieg beim Rock Master in Arco (o. l.)
Schwächen stärken lautete die Devise. Das Campusboard nutzte ich phasenweise zum Maximalkrafttraining.

Trostpflaster für all die Sportarten, die nicht zu den Olympischen Spielen zugelassen sind. Bei diesem Event traf sich also eine Vielzahl von Sportlern der unterschiedlichsten Disziplinen zu einem bunten, abwechslungsreichen Programm.

Ich hatte 2005 die World Games in Duisburg, Deutschland gewonnen, an den Spielen 2009 hatte ich wegen meiner Schulterverletzung nicht teilnehmen können, und so fand ich den Gedanken reizvoll, meine Karriere mit den World Games 2013 zu beenden. Obwohl ich nicht mehr allen meinen Verpflichtungen nachging, ermöglichte mir der Österreichische Wettkletterverband die Reise nach Cali – und das war als abschließender gemeinsamer Teamtrip mit Johanna Ernst, Magdalena Röck, Mario Lechner, Jakob Schubert und Heiko Wilhelm ein absolut geniales letztes Geschenk.

ABSCHIED UND NEUBEGINN

Draußen klettern ist anders

Was waren die Beweggründe, mit dem Wettkampfklettern aufzuhören? Mit dieser Frage setzte ich mich schon im Laufe des Jahres 2011 auseinander, zögerte die Entscheidung aber noch zwei Jahre hinaus. Ein Grund für den Abschied in Raten waren sicher die häufigen Verletzungen. Neben Überlastungsbeschwerden an meiner operierten Schulter und in anderen Körperbereichen bekam ich nach der letzten Weltmeisterschaft in Paris eine nervenaufreibende Entzündung am Ellenbogen, die mehrere Monate andauerte und die ich kaum zu beherrschen wusste. Aus all diesen Gründen musste ich das Ausmaß des Trainings reduzieren. Mein Bauchgefühl sagte mir, dass nun die Zeit gekommen war, die Wettkampf-Kletterschuhe an den Nagel zu hängen. Jede Fitness hat ein Ablaufdatum. Außerdem wollte ich in Zukunft mehr Energie in das Felsklettern stecken, und dafür sollte ich mich nicht ganz im Wettkampf verbrauchen.

Mir wurde es immer wichtiger, gemeinsam mit meinem Lebensgefährten Bernie das Klettern draußen genießen zu können, und wir träumten von Kletterreisen in verschiedene Länder oder von fesselnden Routen. Klettern würde also weiterhin die entscheidende Rolle in meinem Leben spielen, das war klar. Die Frage war nur, in welcher Form: als privates Vergnügen oder weiterhin als professionelle Athletin?

Meine Partner La Sportiva und Edelrid sowie auch Red Bull und Imst Tourismus standen fest zu mir und strebten weiterhin eine Zusammenarbeit mit mir an, auch jenseits des Wettkampfgeschehens. Wir vereinbarten daher einerseits gemeinsame sportbezogene Projekte, andererseits Marketingmaßnahmen, in denen ich mich als sogenanntes „Testimonial" für die Firmen präsentierte. Da ich aber nicht meine ganze berufliche Zukunft auf die eine Profikarte setzen wollte, engagierte ich mich weiterhin in unserem Unternehmen „K3-Climbing", wo ich das Klettertraining leite und meine Erfahrungen an ambitionierte Freizeitkletterer oder junge Wettkampfathleten weitergebe. Diese Aufgabe schafft nicht nur den nötigen Ausgleich zum Profi-Dasein und gibt mir als Existenzgrundlage einen sicheren Halt, sondern sie macht mir vor allem auch Spaß.

Raus aus der Halle:
Klettern in der Umgebung von Briançon in Frankreich.

Testpieces in den Tannheimer Bergen: In der harten dritten Seillänge von „Halteverbot" (8a+/8b, oben) und in „Gelbfieber" (7b+).

Ich bin ehrgeizig und zu oft rein am Erfolg interessiert. In meiner Zeit als Wettkämpferin spürte ich das ganz intensiv. Nach meiner Wettkampfkarriere bemerkte ich erstmals, wie stark mich dieser innerliche und indirekte gesellschaftliche Druck belastet hatte. Durch die Kletterreisen, die ich nun mit Bernie unternahm, erlebte ich eine neue Freiheit und konnte endlich Aspekte meiner Persönlichkeit ausleben, die in dem streng reglementierten Dasein, das ich mir selbst jahrelang auferlegt hatte, kaum Platz fanden. Jetzt ging es mehr um die Erlebnisse und weniger um die reinen Schwierigkeitsgrade. Das heißt nicht, dass ich plötzlich eine Andere war. Ich will nach wie vor schwere Routen klettern und meine sportlichen Grenzen finden. Jedoch darf nun mein Innerstes entscheiden, welche Route ich verfolgen möchte. Ich muss den brodelnden Vulkan in mir spüren und bereit sein, dieses schwere Stück anzugehen. Meine Klettertrips erlauben mir heute, die Dinge aus mir heraus zu leben und unserer Gesellschaft gelegentlich den Rücken zu kehren.

Für mich persönlich waren es die ständigen Bewertungen, Statistiken, Ergebnisse und vor allem der Zeitdruck, die mich während meiner Wettkampfkarriere quälten. In unserer Gesellschaft wird ja gern alles in Zahlen ausgedrückt und der Wettkampfsport lebt vom direkten Leistungsvergleich. Durch die vollkommene Fokussierung auf den messbaren Erfolg hatte ich jedoch verlernt, meinen Gefühlen und Instinkten zu folgen.

Beim Felsklettern ist das anders. Dort geht es viel mehr um die Erlebnisse, um den Prozess, den man erlebt, wenn man sich eine neue Route erschließt, als um den bloßen Vergleich und die Bewertung. Am Fels bekomme ich keine Routen serviert, sondern ich wähle mir selbst genau die Linie, zu der es mich gerade hinzieht, die zu meinem aktuellen Zustand passt – und aus dieser Freiheit heraus kann ich den gegenwärtigen Moment ganz intensiv ausleben.

Im November des Jahres 2014 reisten Bernie und ich erstmals nach Griechenland, um dort Neuland zu finden. Unsere Intention war es, in einer unbekannten Gegend neue Routen zu erschließen. Wir stapften durch allerhand Gestrüpp und verfolgten viele Sackgassen, ehe wir einem kleinen Hinweis von unseren Kletterfreunden Thomas Wanner und Patrick Trois folgten und eine äußerst vielversprechende Wand fanden. Nur wie sollten wir dort hinkommen?

Bernie hatte eine Drohne dabei. Mithilfe dieser fliegenden Kamera erkundeten wir den Zugang zunächst aus der Vogelperspektive, anhand der

GPS-Daten suchten wir dann den Weg zur Wand. So erreichten wir einen imposanten Felsriegel, der mit steilen Wänden im linken und mit fast waagrechten Überhängen im rechten Teil über unseren Köpfen in den blauen Himmel ragte. Wir waren schwer beeindruckt und nahmen sofort Kontakt zur lokalen Klettercommunity auf und zu den Verantwortlichen in der kleinen griechischen Gemeinde Leonidio. Alle waren begeistert von der Idee, diesen Felsriegel zum Klettern zu erschließen, und boten uns ihre Unterstützung an, denn sie hatten großes Interesse, den Klettersport zu fördern und den Ort als Destination für Kletterer aus aller Welt attraktiv zu machen. Wir mussten ihnen versprechen, wiederzukommen, um dieses Prachtstück von Fels mit Routen zu bestücken.

Nifada oder neue Wege am Fels

Im Februar 2015 war es so weit. Diesmal begleitete uns mein Vater, denn er hatte, genau wie Bernie, bereits Erfahrung mit dem Einbohren von Routen und wollte uns bei der Arbeit unterstützen. Im Gegensatz zu ihnen war ich ein astreiner Neuling auf diesem Gebiet. Wir verabredeten uns mit den Locals, um die Details der Erschließung zu besprechen und das notwendige Material zu bekommen. Egal mit wem wir auch verabredet waren, wir mussten unsere innere Uhr anpassen, denn Pünktlichkeit in unserem Sinn war reine Nebensache. Umso herzlicher war die griechische Gastfreundschaft. Insbesondere dem stets gut gelaunten Dimitri verziehen wir alles. Er überließ uns sein Apartment, unterstützte uns in allen Belangen und wusste stets Rat. Das war auch nötig, denn in seinem Haus erlebten wir seltsame Dinge: Da war der Boiler, der beinahe explodierte, ein Kühlschrank, in dem alles zu Eis gefror, und eine Waschmaschine, die derartig schäumte, dass man den Boden gleich mitwaschen konnte. Alles kein Problem für Dimitri!

Bevor wir mit dem Einbohren der Routen beginnen konnten, mussten wir zunächst einen Weg freilegen, damit wir unser gesamtes Equipment – Haken, Hammer, Bohrmaschine, Seile und vieles mehr – zu unserem Depot transportieren konnten. An den ersten zwei Tagen schritten wir gut voran. Dann brach unerwartet ein starker Schneesturm ein, den es in Griechenland gerade mal alle fünf Jahre gibt. Da vor Ort zu sein, dazu gehört schon eine

Weihnachtsstimmung in Griechenland im Februar 2015. Trotz des Schnees gelang es uns, zahlreiche neue Routen zu erschließen. Nach der ersten Begehung erhielt jede feierlich ihr individuell gestaltetes „Namensschild".

Bernie meistert seine Route „Der Igel schlägt zurück" (7c).
Beim Einbohren der Route „Bergsteigerkante" (8b+).

Extraportion Glück. Unser Projekt lag im wahrsten Wortsinn für ein paar Tage auf Eis. Wald und Weg lagen unter dem Schnee, in der Wand hingen Eiszapfen, an anderen Stellen floss das Schmelzwasser in kleinen Bächen herab. Tiroler Weihnachtsstimmung mitten in Griechenland! Trotzdem nutzten wir die Zeit, um unsere Arbeit fortzusetzen.

Bernie hatte sich in den Kopf gesetzt, ein Dach einzubohren, das etwa zehn Meter horizontal herausragte. Tapfer kämpfte er sich in kleinen Schritten durch diese Waagrechte. Es sah aus, als hinge eine Fledermaus an der Decke. Mehrere Stunden vergingen, bis er endlich die Dachkante erreichte und hier den Standplatz, also den Endpunkt der Route, fixierte.

Am nächsten Tag machte er Pause und zeigte mir, wie das Einbohren funktionierte. Zum ersten Mal nahm ich eine Bohrmaschine dieser Größenordnung in die Hand. Verdammt, war das Ding schwer! Kein Vergleich mit den kleinen Akkuschraubern, die wir für den Routenbau in der Kletterhalle verwenden. Unter Bernies Anleitung bohrte ich ein paar Haken am Wandfuß, denn wir wollten eine Seilsicherung einrichten, damit nachfolgende Kletterer die unwegsame Plattform gesichert überqueren konnten. Als ich mich an das Gerät gewöhnt hatte, schnappte ich meinen Gurt und legte sämtliches Material an. Das Seil war bereits fixiert, und ich arbeitete mich mit Steigklemmen an ihm hoch, um meinen ersten Stand und weitere Zwischenhaken einzubohren. Bohren und Putzen war das komplette Urlaubsprogramm, zum Klettern mussten wir ein andermal kommen.

Also kehrten wir im Mai zurück. Diesmal überraschten uns keine Schneefälle, sondern tropische Hitze, in der sich Schlangen augenscheinlich besonders wohlfühlten. Wir sahen jedenfalls während des Zustiegs und sogar in der Wand einige Exemplare. All das hinderte uns nicht daran, unsere Arbeit weiterzuführen. Bernie bohrte tapfer eine Route nach der anderen, diesmal die meisten von oben. Währenddessen säuberte ich die bereits eingerichteten Routen. Pausierte er, bohrte ich ein paar Zusatzhaken und Zwischenstände für die längeren Routen. Nach diesen Lehrproben ging's endlich an mein Gesellenstück: meine erste eigene Route. Es war ein irres Gefühl, eine neue Linie an einem unberührten Fels zu errichten!

Diesmal reichte unsere Zeit aus, um die ganze Wand mit Routen zu bestücken, denn Bernie klopfte eine Linie nach der anderen raus, während ich mit einer Linie beschäftigt war. Diesmal konnten wir auch erste „Gehversuche" in ihnen testen. Nach erfolgreichem, sturzfreiem Durchstieg gaben wir jeder

Route ihren ganz speziellen Namen, unter dem sie sozusagen weiterleben sollte. Das war jedes Mal ein besonderer Moment, denn wir wählten nicht irgendeinen Namen, sondern solche, die mit unserem eigenen Leben in Zusammenhang standen oder eine Bedeutung für uns hatten. So heißt beispielsweise die erste Länge einer Zweiseillängenroute „In memo Martin", die gesamte Route, als die erste und zweite Seillänge kombiniert, trägt den Namen „CAC", was „Climbing Against Cancer" bedeutet. Diese Route erinnert an einen sehr guten Freund, meinen Arzt Dr. Martin Pöll, der während unseres Aufenthalts in Griechenland verstorben war.

Abgesehen von der Trauer um Martin empfand ich unsere Zeit damals in Leonidio insgesamt als eine der schönsten, die ich je erlebt hatte. Wir genossen die Freiheit in der Natur und freuten uns an unseren neuen Routen und an der Vorstellung, sie für andere Kletterer zu hinterlassen. Mit diesem Erschließungsprojekt wurde mir erstmals bewusst, was das Einrichten von Routen eigentlich bedeutete. Als Wettkampfathletin nutzte ich das Klettern drinnen wie draußen bislang als reine Konsumentin. Durch das Einbohren lernte ich die Arbeit zu schätzen, die hinter einer Route steckt. Insofern verstehe ich seither, dass die Erschließer so lange keinem anderen Kletterer Zugang zu ihren Routen gewähren, bis sie die Erstbegehung der Route geschafft haben. Denn das macht den Reiz der Einbohrarbeit aus. Wer diese Arbeit leistet, verdient dafür Respekt. Während Bernie den Zauber des Einbohrens bereits kannte, lernte ich ihn nun erstmals verstehen und ließ mich von ihm anziehen. Trotz der mühsamen Schufterei und der Wunden und Schrunden vom Einbohren und Putzen der Felsen hatten wir die meiste Zeit großen Spaß. Wir tobten uns an den unberührten Linien aus, ohne zu wissen, wie schwer sie eigentlich waren. Die eine Route war leichter, die andere schwerer. Na und?

Der gesamte Prozess fesselte uns und machte so lange Freude, bis wir jeder Route eine Bewertung geben mussten, denn Wiederholer sollen ja wissen, was sie erwartete. Nun zerbrachen wir uns den Kopf und diskutierten, welche Zahl unter den jeweiligen Routen stehen könnte. So müde, wie wir von der Schufterei waren, lagen wir mit unserer Einschätzung wahrscheinlich öfter daneben und stuften die Routen womöglich schwerer ein, als sie tatsächlich sind. Als Erstbegeher hat man es in dieser Rolle nicht leicht und wird schnell kritisiert, denn die Schwierigkeitsgrade haben für manche Kletterer eine überaus große Bedeutung. Für die Wiederholer ist der Prozess ein-

Was für eine Location: Die Grotte unseres neu erschlossenen Klettergebietes „Nifada"
in Leonidio, wo sich auch die Route „Bergsteigerkante" (8b+, unten) befindet.

facher, und so wird mit der Zahl der Begehungen auch manche Bewertung mit der Zeit korrigiert.

Kritik haben wir zum Glück bislang keine erhalten, dafür begeisterte Rückmeldungen. Viele Kletterer lobten unsere Arbeit und das Gebiet, das wir „Nifada", auf Deutsch „Schneeflocke" nannten. Es wurde zu einem der begehrtesten Sektoren im Kletterparadies Leonidio auf der Peloponnes. Im Wissen, dass sich unsere Arbeit lohnte und wertgeschätzt wird, ist die Erinnerung an unsere wunderbare Zeit dort im Nachhinein doppelt schön.

Der Drang nach mehr

Mit der Route „Hades" am sogenannten Götterwandl in Nassereith, einem Klettergarten in meiner Heimatregion Imst, gelang mir im September des Jahres 2014 meine schwierigste Sportkletterroute. Ihre Schwierigkeit wird mit 9a bewertet und diese Bewertung wurde von den wenigen männlichen Begehern bestätigt. Unter anderem auch von Ausnahmeathlet Adam Ondra, der sie sogar als eine harte 9a bezeichnete. Mit der Begehung dieser Route ging für mich der Traum in Erfüllung, einmal diesen magischen Schwierigkeitsgrad meistern zu können. So wunderbar dieser Erfolg auch war, betrachte ich ihn gleichzeitig mit einem weinenden Auge, denn mein lieb gewonnenes Projekt war damit Geschichte.

Der Drang nach mehr holte mich bald wieder ein, und die Motivation für ein neues schweres Projekt ergriff Besitz von mir. Ich war auf der Suche nach dem „Plus", also nach der nächsthöheren Schwierigkeit, die den Anspruch von „Hades" um einen Hauch übertraf.

„Wie wär's mit einem langen Ausdauer-Hammer in Villanueva del Rosario in Spanien?", fragte mich Bernie. „Dort ist der Mega-Klassiker ‚Chilam Balam', und der gilt als 9a+/9b."

Bernies Vorschlag, im fernen Andalusien meine nächste Herausforderung zu suchen, begegnete ich anfangs mit Skepsis. Das Gebiet liegt ja nicht gerade vor meiner Haustür, und mir dort ein Projekt zu suchen, würde be-

Wegen des breiten Sinters im unteren Teil nannten wir diese Route „Baumkraxler" (8b).

In der Schlüsselstelle von „Janus" (8c) am Götterwandl in Nassereith. In diesem Klettergebiet gelang mir mit „Hades" (unten) meine erste 9a draußen am Fels.

deuten, dass ich einige Male nach Spanien fliegen oder mich länger dort aufhalten müsste. Gleichzeitig klang das Ganze jedoch sehr verlockend, denn im Grunde taugten mir steile und lange Routen, vor allem solche entlang von versinterten Felsstrukturen, wie sie in der Grotte von „Chilam" typisch sind.

Die Route „Chilam Balam" umgab eine mysteriöse Geschichte. Dem Erschließer und Erstbegeher wurde seine Begehung angezweifelt, da keine Beweise vorlagen und der einzige Augenzeuge, nämlich der Sicherungspartner, nach der Begehung spurlos verschwunden war. Mit einer Länge von 60 Metern, die sich über ein Mega-Dach erstreckt, gilt die Route als das Ausdauermonster schlechthin. Bernie hatte also einen ordentlichen Köder für mich ausgelegt – und ich biss an.

Im Oktober 2015 pilgerten wir gemeinsam nach Andalusien, um dem Klettergebiet einen ersten Besuch abzustatten. Wir übernachteten bei Silvia Fitzpatrick, kurz Silvi, einer kleinen zierlichen Frau mit dunklem Haar, die selbst leidenschaftlich gern klettert und als Bergführerin eine Kletterschule leitet. Ihr Haus mit dem Apartment für Gäste befindet sich in einem kleinen Dörfchen mit Blick auf die imposante Grotte von „Chilam". Das Dorf war von einer schönen Bergkulisse und unzähligen Olivenhainen umgeben. Die Gegend gefiel mir ausgesprochen gut.

Natürlich wollten wir gleich noch die Routen in Augenschein nehmen. Wir fuhren mit unserem Mietauto der Forststraße entlang zum ausgewiesenen Parkplatz. Von dort führt ein ausgetretener Pfad durch Olivenhaine in etwa 15 Minuten zum Fels. Oben angekommen, bekamen wir allein schon vom Hinschauen dicke Arme. Die Grotte war gigantisch: 50 bis 60 Meter hohe Wände mit Sinterzapfen so weit das Auge reichte.

Ich schaute nach rechts zur äußersten Kante, wo die bekannte Route „La Rubia", Schwierigkeitsgrad 8c+, verläuft. Gleich rechts ums Eck führten weniger überhängende, ja sogar senkrechte Routen hinauf. Links von „La Rubia" hingegen befinden sich Routen, die im unteren Teil stark überhängend sind. Noch weiter links erblickte ich in einem Eck eine tiefe Einbuchtung, wo hammerharte Routen starten, die über steile und abdrängende Wandbereiche nach oben führen, wie zum Beispiel „Mantanga" (8c+) oder „La Planta de Shiva" (9b). Von dort an nimmt die Steilheit der Wand von Linie zu Linie allmählich wieder ab, bis sie ungefähr in der Mitte in eine riesige Grotte übergeht. Dort startet „Chilam Balam" am tiefsten Punkt, von wo aus der nach links ziehende, megalange Dachriegel durchquert werden muss. Am äußersten Punkt der Dachkante macht die Traverse einen „Knick", und es folgen weitere Meter steiler Kletterei bis ganz nach oben. Mit einer Länge von insgesamt 60 Metern hat man den Eindruck, als würde die Route nie enden. Links von „Chilam Balam" erstreckt sich die Wand noch weiter in die Breite. Die Routen dort sind etwas weniger steil, aber immer noch steil genug.

In diesem Klettergebiet reicht der Routenvorrat wahrlich für lange Zeit aus, um selbst den ärgsten Kletterhunger zu stillen. Jedoch muss der Akteur Appetit auf schwere Kost mitbringen, denn leichte Speisen gibt es hier kaum. So richtig zum Zug kommt man, wenn man mindestens den neunten, noch besser den zehnten Schwierigkeitsgrad beherrscht.

Der Vorteil dieser Wand ist ihre nordöstliche Ausrichtung, wodurch man im Frühling und im Herbst optimale Bedingungen, sprich kühle und trockene Temperaturen zum Klettern schwerer Routen, vorfindet. Durch die imposante Steilheit ist sogar oftmals Klettern bei Regen möglich.

Die lokalen Kletterer kannten die Wand wie ihre Westentasche. Alle Menschen, die ich dort traf, waren sehr freundlich und offen, und es entwickelten sich sehr rasch gute Gespräche und nette Bekanntschaften. Die Ersten, denen wir begegneten, waren die beiden Pioniere Dani Andrada und Edu Marín Garcia. Die beiden kamen sofort auf Bernie und mich zu und begrüßten uns herzlich mit spanischem Charme. Sie schrieben nicht nur in Spanien, sondern weltweit Klettergeschichte. Dani war und ist *der* Matador, was das Einrichten und die Erstbegehung von schwierigsten Kletterrouten in Spanien betrifft. An seinen Routen haben sich schon viele starke Kletterer die Zähne ausgebissen.

Dani und Edu waren hier, um sich der Bewährungsprobe von „Chilam Balam" zu stellen, diesem Testpiece im Schwierigkeitsgrad 9a+/9b, das ausnahmsweise nicht von Dani selbst stammte. Beide hatten das Potenzial für die Route und waren, als wir sie dort im Oktober 2015 trafen, bereits knapp vor dem Durchstieg, der beiden wenig später auch tatsächlich gelang.

Während ich Dani nur einige wenige Male traf, kannte ich Edu bereits aus meiner Wettkampfzeit. Er war gerade mal ein Jahr älter als ich und gehörte somit zu meiner Alterskategorie. Im Wettkampf lieferte er vor allem in der

Im Jahre 2015 kletterte ich mit „Era Vella" (9a) eine der schweren Klassiker im spanischen Klettergebiet Margalef.

Jugendklasse sensationelle Erfolge und setzte sein Können bei sämtlichen Weltcup-Veranstaltungen um. Größere Erfolge heimste er aber beim Felsklettern ein, wo ihm einige der weltweit schwersten Routen glückten.

Ein weiterer Lokalmatador, den wir in „Chilam" kennenlernten, war Luis Rodriguez Martin. Luis lebt in der Nähe von Malaga und hat viele der weltweit besten Felsen quasi gleich vor der Haustür. Die Zielstrebigkeit und Härte, die er beim Klettern an den Tag legt, imponiert mir schwer. Kämpfen gehört definitiv zu seinen Stärken! Nicht umsonst zählt er zu den international leistungsfähigsten Kletterern. Außerdem war er einfach ein sympathischer Kerl. An seinem durchtrainierten bunten Oberkörper konnten wir ablesen, dass er in einem Tattoostudio in Malaga arbeitete.

In diesem Herbst 2015 stellte sich auch der amerikanische Kletterpionier Joe Kinder für längere Zeit in „Chilam" ein. Er räumte ganz ordentlich ab, denn ihm gelangen sämtliche Routen im Schwierigkeitsgrad 8c+, wie „Chispa" oder „La Rubia". Jedes Mal, wenn ich Joe am Fels traf, begrüßte er mich mit „Hey man, how's going?" Das fand ich seltsam, aber spätestens als ich bemerkte, dass er auch seine Freundin beim Klettern mit „come on man!" anfeuerte, war ich erleichtert und fand es ganz lustig.

Mit der Zeit lernten wir die gesamte spanische Klettergarde von Villanueva del Rosario kennen, Ruben, Dani, Pablo, Sergio und viele weitere, und wenn wir sie nicht am Fels trafen, dann sicher in einer der wenigen Kneipen im Ort. Denn Einkehren und Kaffee trinken waren laut Bernie eine tägliche Pflicht, um gut in den Tag zu starten und ihn ebenso gut ausklingen zu lassen. Insbesondere am Morgen benötigt er seine Zeit, um in die Gänge zu kommen – ganz anders als ich, die in den frühen Morgenstunden Bäume ausreißen könnte. Generell nutzt Bernie das Kaffeetrinken zum Finden der inneren Ruhe. Dann sitzt er mit der typischen Kopf-nach-unten-Haltung der Smartphone-Generation mit dem Handy in der Hand vor seiner Kaffeetasse und ist nicht mehr ansprechbar. Nicht weil er traurig oder schlecht gelaunt ist oder sich an der Anzahl der „Likes" seiner Followers erfreut, nein, er schafft es, mit kleinen Spielen seinen Alltag kurz beiseitezuschieben und seinen Geist auf andere Gedanken zu bringen. Dieses Verhaltensmuster erwies sich als durchaus praktisch für mich. Auf diese Weise fand ich Muße zum Lesen

So schaut's in „Era Vella" (9a) aus der Nähe aus.

126

oder für nette Gespräche. Meistens jedoch fiel ich in meine Arbeitsroutine zurück und nutzte die Zeit zum Abarbeiten angesammelter E-Mails und für sonstige organisatorische Tätigkeiten für unser Unternehmen K3-Climbing und als Profi-Sportlerin. Durch dieses Erledigen wichtiger beruflicher Aufgaben ging ich mit viel mehr Gelassenheit in den Tag. So verwendete jeder von uns beiden auf seine Art die Bar als Starthilfe, um mit frischen Energien zum Klettern aufzubrechen.

Nach ein paar Seillängen zur Gewöhnung versuchten wir uns an einer schwierigeren Linie. Bernie fand seine mit „La Poten"(8b). Die Linie hing leicht über und führte entlang kleiner Leisten und Sinter im oberen Teil. Die ersten Meter meisterte Bernie auf Anhieb solide. Bei der ersten Hürde setzte er sich kurz ins Seil, um sich einen Überblick zu verschaffen. Er schaute sich die Griffe und Tritte konzentriert an und legte sich eine Strategie zurecht. Das überlegte Einstudieren der Bewegungen ist eine von Bernies Stärken. Auch hier hatte er die Lösungen gleich parat. Bernie ist sehr bewegungstalentiert, er trifft seine Entscheidungen schnell und setzt sie entschlossen um. Sein dynamischer, zügiger Kletterstil hilft ihm, Kraft und Zeit zu sparen. In diesem Stil arbeitete er sich Passage für Passage durch die Route bis zum Top.

„Die Linie isch echt guat, Mausi", sagte er gut gelaunt, als er wieder neben mir stand, und ich freute mich, dass sie ihm so taugte. Nun war die Reihe an mir.

Da mir bei all diesen einladenden, gigantischen Linien die Auswahl schwerfiel, fragte ich Lokalmatador Dani, welche Route in einer Schwierigkeit um 9a+ er mir empfehlen könnte. Er antwortete, dass es hier im Moment keine Route in dieser Schwierigkeit gäbe, da der Großteil der Routen abgewertet worden war. „Du könntest ja die ‚Chilam Balam' probieren", schlug er vor. „Edu und ich pausieren gerade."

„Okay, dann schau ich mir das Ding mal aus der Nähe an!"

Die ersten paar Meter waren schon schwer, aber machbar. Das verzweifelte Suchen nach einer Lösung begann aber bereits an der vierten Expressschlinge. Wie auch immer ich es anging, ich sah einfach keine Chance, den nächsten weiten Zug zu meistern. Die Route war extrem überhängend, das

Die Route „Zauberfee" (8c+) in Arco gehört zu meinen schönsten Begehungen.

Dach fast waagrecht. Es waren nur ein Griff für die linke Hand und ein kleiner Hilfsgriff mit der rechten Hand zu finden. Aus dieser Position musste ich mit der rechten Hand schwungvoll auf einen Griff zielen, der sich sehr weit entfernt in diesem wenig strukturierten Fels befand. Mit meiner Spannweite war das unmöglich, da hatten die größeren Kletterer schon genug zu kämpfen. Ich suchte nach alternativen Lösungsansätzen.

„Geat scho, Angy!", rief Bernie zur Ermutigung. „Come on man" kam von Joe, und „Venga" riefen Edu und Dani. Trotz der anspornenden Zurufe wollte auch der neue Lösungsansatz nicht klappen. Nachdem weitere Versuche an unterschiedlichen Tagen kein Licht in den Tunnel brachten, war ich bitter enttäuscht. Das war's also mit der Vorstellung: Dieses 60-Meter-Monster endet für mich bereits nach fünf Metern!

Die Suche nach dem persönlichen Limit geht immer mit Zweifel und Ratlosigkeit einher. Doch hier spürte ich deutlich, dass ich dieser einen Passage niemals gewachsen sein würde. Es war sinnlos, weitere Energien in diesem Projekt zu verpulvern.

Bernie munterte mich auf. Ich war so froh, dass er da war und mit mir diese Leidenschaft teilte! Beide klettern wir irre gern, und das geplatzte Projekt hielt uns nicht davon ab, uns in anderen Routen auszutoben. Die Kletterei an diesen steilen Sintern taugte uns voll, und wir versuchten die verschiedensten von den Locals empfohlenen Linien.

Eine davon war die erste Länge von „La Planta de Shiva" (8c). Diese ursprünglich 45 Meter lange Route wurde von Manolo de Castillo von oben eingerichtet. Vom Boden weg führen etwa 25 Meter über eine stark überhängende Wand bis zu einer flacheren leichten Einbuchtung. Hier endet die erste Seillänge im Schwierigkeitsgrad 8c. Anschließend quert die sogenannte Verlängerung nach links: eine sehr kleingriffige und diffizile Passage mit äußerst schwierigen Bewegungen. Nach wenigen Metern macht die Linie dann einen Knick, und es geht wieder steil über eine kleine Dachkante nach oben. Der obere Teil der Verlängerung besteht aus kleinen Leisten und Sintern, die ziemlich schwer zu halten sind. Doch damit setzte ich mich zunächst nicht auseinander, sondern startete in den ersten Teil dieser großartigen Linie. Diese meisterte ich bereits im vierten Versuch, was mich anspornte, auch in die Verlängerung hineinzuschnuppern. Vom Zwischenstand aus begutachtete ich die Züge der zweiten Seillänge. Ich traute meinen Augen kaum, denn ich sah ein Leistenparadies vor mir, mit scheinbar unzähligen Trittmöglichkeiten.

„Wow! Das ist eine Kletterei, die mir gefallen könnte."

Ich wagte aber noch keinen Versuch, sondern informierte mich zunächst über die Route. „Was? Eine glatte 9b?!" Ich erschrak und wollte mein Ansinnen schon abhaken, denn ich hielt es für anmaßend und hatte mein Desaster von „Chilam Balam" noch nicht ganz verdaut. „Chilam Balam" galt als eine „leichte" 9b beziehungsweise als 9a+/9b. Und eigentlich suchte ich ja nach dem „Plus" und nicht nach dem „Doppelplus". Zudem war „La Planta de Shiva" von niemand Geringerem als dem alle überragenden Kletterwunder Adam Ondra erstbegangen worden und verzeichnete bis dato noch keine einzige Wiederholung. Adam kletterte schon seit geraumer Zeit konkurrenzlos in einer anderen Liga. Seine Leistungen am Fels und bei Wettkämpfen sind absolut außergewöhnlich. Die meisten der allerschwersten Routen auf der Welt stammen von ihm. Der Respekt vor Adam war Grund genug für mich, die Route nicht weiter in Erwägung zu ziehen.

Bernie war jedoch anderer Meinung und ermutigte mich, zumindest ein Stück der Route auszubouldern, denn er wusste genau, dass mich die Linie angesprochen und neugierig gemacht hatte. Und so bin ich am nächsten Tag eingestiegen, zwar mit leichtem Unbehagen, aber immerhin: Ich habe diesen ersten Schritt gewagt.

Als ich wiederum ohne Sturz den ersten Umlenker der „La Planta de Shiva" erreichte, setzte ich mich kurz ins Seil und überlegte. Im Kern meines Charakters bin ich eine eher unsichere Person, und es kostete mich einiges an Überwindung, weiterzuklettern. Schließlich entschloss ich mich und schaffte es, die nächste Expressschlinge in den Haken zu hängen. Ich erholte mich kurz im Seil sitzend und kletterte wieder ein Stück bis zur nächsten Expressschlinge. Obwohl jeder einzelne Zug mir derart viel Kraft abverlangte, dass ich kaum mehr als zwei, drei Züge am Stück klettern konnte und ich mich so von Schlinge zu Schlinge hocharbeiten musste, hatte ich großen Spaß an diesem Prozess. Die Linie passte in gewisser Weise perfekt zu meinem Kletterstil, ich spürte, wie sie mich durch ihre Schönheit und ihren enormen Anspruch verzauberte. Nicht ich hatte mein Projekt gefunden, sondern mein Projekt mich.

Das Projekt meines Lebens

Natürlich konnte ich nicht erwarten, dass mir in einer Route, die bis zu diesem Zeitpunkt nur Adam Ondra bewältigen konnte, die Lösungswege sofort in die Hände fallen. Zigmal schaute ich mir das Video von Adams Begehung an, aber es war klar, dass ich manche Passagen nicht so meistern konnte wie er. Aufgrund unseres gegensätzlichen Kletterstils und meiner geringeren Körpergröße musste ich meinen eigenen Weg – und dies bedeutete zusätzliche Haltepunkte und Tritte – finden. Das kostete viel Kraft und Zeit. Allerdings ermöglichte die Felsstruktur mit den vielen kleinen Leisten aber auch Tritt- und Griffvarianten – und das motivierte mich, an meiner eigenen Lösung zu arbeiten.

Die Schwierigkeit dieser langen Ausdauerroute liegt nicht darin, die einzelnen Züge zu meistern, sondern die Linie in einem Go durchzuklettern. Ich zählte insgesamt um die hundert Züge – ohne wirklichen Rastpunkt in der zweiten Länge. Zum Glück gab es am Stand nach den ersten 25 Metern eine halbwegs nützliche Rastposition.

Nach zwei Versuchen hatte ich alle schweren Passagen ausgecheckt und konnte sie meistern. Offensichtlich gab es in dieser Linie keinen einzigen Zug, der für mich nicht machbar war. Damit ging unser Aufenthalt zu Ende.

Natürlich war die Route insgesamt immer noch zu schwer für mich, aber es war verlockend dranzubleiben. Ich sah es als eine spannende Aufgabe an, herauszufinden, ob ich mit professioneller Herangehensweise dieses Projekt, das im jetzigen Zustand unmöglich erschien, irgendwann schaffen kann. Wie muss ich meine Physis trainieren, welche Taktik entwickeln und wie meine Regeneration steuern? Diese Fragen sollten mich noch eine ganze Weile beschäftigen.

Es war ein tolles Gefühl, Menschen an meiner Seite zu haben – allen voran Bernie –, die mich in diesem Prozess unterstützten. Begleitend war auch mein Vater bei diesem Projekt sehr wichtig für mich. Bernie und mein Papa sind die Menschen meines Vertrauens. Ich weiß, dass sie aus tiefer Liebe Dinge für mich tun, ohne jegliche Gegenleistung zu erwarten.

Wieder zurück in Tirol, war es an der Zeit, mir einen Trainingsplan zurechtzulegen. Dieser beinhaltete konditionelle und technische Einheiten wie auch Zeiten für Therapien zur Regeneration. Meine langjährige Wettkampferfahrung kam mir hier sehr zugute, zumal ich das Training von jeher die meiste Zeit über selber gestaltet hatte. Neben der konditionellen Vorbereitung beabsichtigte ich die Abfolge der einzelnen Züge der Route am Kletterturm in Imst so wahrheitsgetreu wie möglich nachzubauen, um die Intensität der Route trainieren zu können, ohne öfter nach Spanien zu reisen.

Ich besprach die Sache mit Susi Knabl, die die Kletterhalle führte. Sie und ihr Sohn Andy freuten sich mit mir über mein neues Projekt und willigten ein. Susi kannte ich schon seit Kindertagen, sie war als Wettkampf-Schiedsrichterin, begeisterte Kletterin und Pächterin der Imster Kletterhalle aufs Engste mit der Entwicklung des Klettersports in Tirol verbunden. Heute noch höre ich das Lachen von Susi, wenn ich die Halle betrete. Wir alle haben ihr viel zu verdanken. Umso tragischer war es, als sie im Jahr 2016 mit nur 53 Jahren den Kampf gegen den Brustkrebs verlor.

Damit ich die Route im Kopf festigen konnte, nutzte ich das Schönwetter im Dezember 2015 und flog zum zweiten Mal für sechs Tage nach Andalusien. Mit An- und Abreise blieben nicht mehr als vier Tage übrig, um an der Route zu arbeiten. Ich boulderte die Linie je einmal an zwei versetzten Tagen intensiv aus. Beim zweiten Mal war ich im oberen Drittel körperlich so platt, dass ich mich abseilen musste. Das intensive Ausarbeiten der einzelnen Tritte und Griffe, um die Route mental zu festigen und daheim nachbauen zu können, kostete mich alle Kraft, aber die Reise hat sich gelohnt.

Daheim suchte ich im Internet die passenden Griffe und Tritte und gab die Bestellung auf. Als die Lieferung ankam, setzte ich mich intensiv mit der Abfolge der einzelnen Züge auseinander und nummerierte die Griffkombinationen der Reihe nach. Nun musste ich nur noch auf wärmere Temperaturen warten, bis ich mein Projekt an der Außenanlage in Imst nachbauen konnte.

Wenig später, im Jänner 2016, las ich die Meldung, dass Jakob Schubert „La Planta de Shiva" während eines dreiwöchigen Klettertrips geknackt hatte. Eine grandiose Leistung! Ich hatte Jakob bereits zu meinen aktiven Wettkampfzeiten kennengelernt und wusste, wie stark er ist. Aus diesem Grund wirkte das, was er in einem Interview äußerte, ziemlich einschüchternd auf mich. „La Planta" sei die bislang schwerste Route, die er je geklettert ist. Er bezeichnete den Durchstieg als den Fight seines Lebens! Was brauchte ich mehr zu wissen, um zu begreifen, dass ich mir das falsche Projekt ausgesucht hatte?

„Kann und will ich dieses Projekt wirklich noch verfolgen? Mein Vorhaben ist doch verrückt", dachte ich. Deshalb setzte ich mir als realistisches Ziel, ausschließlich die zweite Seillänge zu knacken. Mir war es egal, wie unattraktiv dies womöglich anderen erschien. Mich beeindruckten diese anhaltend schweren Züge, und ich wollte sie unbedingt klettern.

Spätestens als die Temperaturen wieder wärmer wurden und ich mit dem Routenbau am Kletterturm in Imst beginnen konnte, waren meine Motivation und meine Energien wieder voll da. Ich packte mein Equipment mit den neuen Griffen und Tritten und suchte nach der passenden Linie am Turm. Der steile Pfeiler bot sich von der Länge und Neigung her am besten an. Damit ich mir die Bewegungen gut vorstellen konnte, baute ich die Route aus dem Seil heraus. Dieser Prozess dauerte einige harte Stunden, verteilt auf zwei Tage.

Nach getaner Arbeit stürzte ich mich in das fertige Exemplar. Die Neigung entpuppte sich als unpassender, als ich ursprünglich angenommen hatte, und die natürlichen Felsstrukturen fehlten verständlicherweise komplett. Das verfälschte das Ergebnis mehr, als ich dachte. Somit blieb das Klettern an diesem „Nachbau" ein reines Training der körperlichen Fitness und eignete sich keineswegs zum Einschleifen beziehungsweise Verfeinern der Klettertechnik, die die reale Route erforderte. Das war nicht ideal, aber auch nicht ganz schlecht. Denn immerhin gelang es mir, drei sehr schwere Bewegungen ziemlich wahrheitsgetreu abzubilden. Darauf legte ich großen Wert, denn genau diese Bewegungen belasteten meine operierte linke Schulter enorm, und ich wollte meine Muskeln in diesem Bereich gezielt kräftigen.

Für April 2016 war der nächste Trip nach „Chilam" geplant. Für professionelle Sportler sind Dokumentationen essenziell bei solchen Vorhaben. Deshalb fragte ich meine Kooperationspartner, ob sie meine initialen Gehversuche in diesem Projekt mit einem Kameramann unterstützen könnten. Von der Idee musste keiner lange überzeugt werden, und Elias „Eli" Holzknecht wurde beauftragt, mich zu begleiten. Ihn als Kameramann dabeizuhaben, passte gut ins Konzept, da er mit der Umgebung von Villanueva del Rosario und mit der Optik von „La Planta de Shiva" vertraut war, denn er hatte bereits Jakobs Begehung vom Jänner gefilmt. Außerdem kannte ich ihn, denn wir waren uns häufig bei nationalen Wettkämpfen begegnet, und wir verstanden uns gut. Außer Elias waren noch Bernie und mein Papa mit von der Partie.

Ein richtig steiles Ding: Im unteren Teil von „La Planta de Shiva" (9b).
Mein Vater und ich verbrachten im Mai 2015 einen schönen Tag am Hondonero.

Kaum angekommen, ließ ich mich nicht lange betteln und stieg gleich nach dem Aufwärmen in mein Projekt ein. Um Kraft zu sparen und mich auf die Züge in der Verlängerung zu konzentrieren, zog ich mich die erste Länge am Seil hoch. Nach einer kurzen Pause am Stand kletterte ich los, musste jedoch bereits nach den ersten paar Metern bemerken, dass ich die Züge nicht mehr bewältigen konnte. Vergeblich suchte ich die passenden Tritte und Griffe. Und ich dachte, ich hätte die Route im Kopf! Von wegen. Für was war eigentlich mein Nachbau am Imster Kletterturm gut? Was war nur los mit mir?

Ganz einfach: Eine Felsroute lässt sich nicht eins zu eins auf einer Kunstwand abbilden. Das realisierte ich nun. Das Training am Nachbau hatte wirklich nur der physischen Fitness gedient. Die speziellen technischen Feinheiten, die weitaus wichtiger waren, ließen sich nur am natürlichen Gestein erproben.

Somit hieß es zurück auf Los: Ich brauchte einen neuen Anlauf, bis sich die technischen Feinheiten erneut eingeschliffen hatten und ich wieder eins mit der Route war. Das geschah am nächsten Tag, an dem ich die Züge abermals schaffte – zunächst bis zu einem kleinen Rastpunkt, der eigentlich kaum einer war und wo ich meine Arme mehr schlecht als recht kurz ausschütteln konnte. Plötzlich fiel mir auf, dass an dieser Stelle ein wichtiger Tritt und ein entscheidender Griff fehlten. „Oje, die Griffe sind ausgebrochen!", rief ich zu Bernie hinunter. Eli, der gerade mit mir in der Wand war, um zu filmen, erklärte seelenruhig, dass diese Griffe während der Filmaufnahmen mit Jakob ausgebrochen seien. „Na, echt?", fragte ich rhetorisch. „Und das sagst du mir erst jetzt?"

Verzweifelt suchte ich nach einer alternativen Lösung. Zum Glück fand ich eine kleine Leiste und einen Ersatztritt. Dann kletterte ich zwei Züge weiter. Plötzlich brach mir ein entscheidender Griff aus, ich segelte in die Luft und schaute wehrlos zu, wie das lose Felsstück neben mir vorbeiflog und auf den Boden krachte. Bernie zog am Seil und stoppte meinen Sturz nach etwa fünf Metern Sinkflug.

„Auweh, jetzt ist Hopfen und Malz verloren!", seufzte ich.

„Zieh dich doch hoch und schau dir die Stelle nochmals an", riet mir Bernie. Das ist leichter gesagt als getan, denn ich hing ja frei in der Luft und musste erst wieder an den Fels kommen. Dazu verwendeten wir folgende Taktik: Bernie lehnte sich zurück und hielt mit Hilfe seines Körpergewichts das Seil ganz straff. Daraufhin nahm ich das Seil über meinen Kopf mit beiden Händen und machte einen Klimmzug. Am höchsten Punkt ließ ich das Seil los, Bernie brauchte nichts weiter zu tun, als mit Hilfe seines Körpergewichts das so entstandene „Schlappseil" einzuziehen. Auf diese Art und Weise wanderte er nach unten beziehungsweise hinten und ich arbeitete ich mich wieder empor. Das kostete Kraft, logischerweise mehr, je weiter ich stürzte. Als ich an der Stelle ankam, wo mir der Griff ausgebrochen war, fing ich erneut an, eine Lösung zu suchen.

Ich entdeckte eine kleine Leiste, die sich ein Stück weiter oben befand als der ursprüngliche Griff. Auf den ersten Blick sah der Zug unmöglich aus, aber ich musste die neue Variante versuchen. Also packte ich an und – Wahnsinn! – der Zug funktionierte tatsächlich. „It's possible!", schrie ich erleichtert.

Nach diesem Ausruf hörte ich ein freundliches Lachen, das mir bekannt vorkam. Und richtig: Es stammte von Muriel Sarkany, die zusammen mit ihrer Lebensgefährtin July wie geplant nun ebenfalls in „Chilam" eingetroffen war. Wir verbrachten einige Tage gemeinsam und ich genoss die Zeit, denn mit den beiden stand Lachen immer ganz oben auf der Tagesordnung, was diesem Klettertrip einen besonderen Reiz verlieh.

Muriel stellte sich damals gerade der Herausforderung, den Klassiker „La Rubia" (8c+), das 50-Meter-Monster an der rechten Kante, zu knacken, was ihr schließlich im November desselben Jahres gelang.

Die neue Variante in „La Planta de Shiva" machte die Sache zwar nicht leichter, aber die Route blieb kletterbar, und das war das Wichtigste. Ich hatte allerdings Sorge, dass in der porösen Felsstruktur im mittleren und schwierigsten Teil der Wand noch weitere Griffe ausbrechen könnten, und das würde nicht ausschließen, dass die Kletterei noch schwerer oder sogar unmöglich für mich werden könnte.

Abends beim Essen debattierte ich in der versammelten Runde mit Papa, Bernie und Eli meine Zweifel. Eli sagte schließlich, dass Adam sicher nichts dagegen hätte, wenn jemand die gefährdeten Griffe in der schwersten Stelle mit Kleber fixieren würde. Dies habe jedenfalls Adam zu Jakob gesagt. Nach Rücksprache mit Bernie entschied ich mich, Adam eine Nachricht zu schreiben:

Hi Adam,
here is Angy. Is everything fine to you? The reason why I write is the route La Planta de Shiva, where you did the FA. Jakob told it is ok for you to strengthen one necessary hold with Sika. Is that true? Best regards, Angy

Die Antwort ließ nicht lange auf sich warten:

Hi Angy,
it is totally SICK you are trying that route!!! Go for it! You can do it for sure!! Yeah,
reinforce the holds you need. I mean there was this crimp that I knew that would
break and Jakob broke it indeed. So he found some way around it, right? So rein-
force it in case you think it is better. I do not want that route changes any more.
Good luck! Adam

Diese Nachricht von Adam ermutigte mich weiterzumachen. In weiterer Folge besprach ich die Sache mit Edu, der gerade ein wenig in „La Planta de Shiva" hineinschnupperte. Ich bat ihn, den Zustand der betroffenen Griffe seinerseits abzuchecken, und um seine Einschätzung, ob eine Verstärkung der Griffe notwendig sei. Edu meinte, dass die Griffe auch ohne Verstärkung halten würden. Diese Nachricht freute mich sehr und ich beendete diesen Aufenthalt mit der Zuversicht, mein Ziel, die zweite Seillänge von „La Planta" zu knacken, erreichen zu können. Schließlich musste ich nur noch zwei Mal im Seil rasten!

Luis bemerkte meine Fortschritte und neckte mich freundschaftlich: „Angy, wenn du die Route komplett kletterst, lässt du dir ein Tattoo machen!"

Ich lachte und schlug ein in den Deal.

Der Körper fordert sein Recht

Der nächste Trip stand allerdings unter keinem guten Stern. Gleich am ersten Tag zog ich mir einen Einriss am Ringband des Ringfingers meiner linken Hand zu. Aus!

In weiterer Folge kam eine hartnäckige Sehnenscheidenentzündung an diesem lädierten Finger dazu. Wie vom Arzt empfohlen, schraubte ich das Klettern zurück und entlastete den Finger, so gut es ging. Aber die Verletzungsserie hielt an.

Kurz vor meiner geplanten Rückkehr im Oktober 2016 holte ich mir einen weiteren Teilriss an meinem bereits lädierten „Hamstring" des linken hinteren Oberschenkelmuskels. Im Jahr 2014 hatte ich mir bereits einen der drei Hamstrings gerissen, und zwar direkt beim Sehnenansatz, am Knochen des Sitzbeines. Von einer Operation rieten mir die Spezialisten damals ab und wiesen mich gleichzeitig darauf hin, dass diese Art der Verletzung nur in den glücklichsten Fällen komplett ausheilen würde. Ich gehörte leider zu den weniger glücklichen Personen. Bestimmte Bewegungen beim Klettern wie Heelhooks, generell Beinsport und auch nur Sitzen sind seither oft sehr schmerzhaft.

Beide Verletzungen, sowohl die Sehnenscheidenentzündung als auch die eingerissene Sehne, quälten mich monatelang, wodurch ich das Klettern weiter zurückschrauben musste. Die Lage blieb aussichtslos, und ich beschloss, den nächsten Klettertrip, der für Oktober geplant war, ad acta zu legen. Es fiel mir unendlich schwer, das Projekt stillzulegen, aber mein Körper hatte sein Machtwort gesprochen. Mit der Gesundheit lässt sich nicht verhandeln, diese Lektion hatte ich gründlich gelernt. Nach mehreren Verletzungen weiß ich heute aber auch, dass sich Erfolg und Erholung nicht gegenseitig ausschließen, sondern ergänzen. Der Körper kann nur in Ruhe seine Energien aufladen und braucht Zeit zum Heilen. Je geduldiger ich ihn behandle, desto besser.

Folglich legte ich eine Kletterpause ein, die ich zum Arbeiten in meinem Unternehmen K3-Climbing nutzte. Zu erledigen gab es genug. Neben Kletterworkshops beschäftigten mich die laufenden bürokratischen Arbeiten. Hinzu kamen die Aufträge, die ich als Profi-Sportlerin und Testimonial für meine Kooperationspartner zu erfüllen hatte. Diese reichten von Produkt-Shootings über repräsentative Öffentlichkeitsarbeiten bis hin zu Medienterminen. Die Arbeit machte mir Spaß und ich ging sie so engagiert wie möglich an. Dieser berufliche Ausgleich wirkte sich positiv auf meine Motivation aus, denn ich spürte, dass mit der Heilung meiner Verletzungen meine Sehnsucht zurückkam und ich mich erneut auf mein Projekt einlassen wollte.

Der Winter war die rechte Zeit zum Trainieren. Anhand der Erfahrungen in den vergangenen Monaten war ich mir darüber im Klaren, dass eine Trainingssteigerung nicht zum gewünschten Effekt führen würde. Deshalb schenkte ich diesmal meinen Körpersignalen mehr Aufmerksamkeit und akzeptierte die Botschaft, dass ich das intensive Training nicht mehr im gleichen Ausmaß wie zu meiner aktiven Wettkampfzeit verkraftete. Grenzen testen ist ein Wagnis, bei dem Körper und Geist nicht im Widerstreit stehen sollen. Gemeinsam mit dem Trainerteam von ASP Red Bull, das mich nach wie vor voll unterstützte, arbeitete ich einen angemessenen Trainingsplan aus, der ausreichend Regenerationsphasen und Behandlungen meiner lädierten hinteren Oberschenkelmuskulatur implizierte. Disziplin und das In-sich-Hineinhorchen waren angesagt.

Im Allgemeinen gestaltete ich meine Trainingswoche mit zwei Einheiten zum Routenklettern und zwei Einheiten zum Bouldern inklusive Krafttraining. Beim Routenklettern fokussierte ich mich in einer Session auf das klassische „Spulen" von Routen. Hier kletterte ich sechs bis acht Routen, die ich mit einer mäßigen Ermüdung bis zum Top schaffte. Dazwischen pausierte ich etwa zehn Minuten, die reichen sollten, um erholt in die nächste Route zu starten. Durch diese Einheit bezweckte ich, die Ermüdung meiner Muskeln hinauszuzögern. Bei der zweiten wöchentlichen Routeneinheit legte ich den Schwerpunkt auf das Üben in einem schweren Projekt. Im Zuge dieses Trainings wählte ich eine Route an meiner Leistungsgrenze und arbeitete mich darin Stück für Stück höher. Ich reihte ein paar Züge aneinander, bis ich ins Seil stürzte. Dann pausierte ich im Seil sitzend. Anschließend kletterte ich bis zur nächsten Hürde, bis mich die Kraft verließ, und ruhte wieder im Seil. So ging es weiter. Währenddessen prägte ich mir die Bewegungen gut ein. Nach einer vollständigen Pause von etwa 30 Minuten gab ich nochmals alles in einem weiteren Versuch. Das letztgenannte Prozedere wiederholte ich ein weiteres Mal. Dieses Training hatte den Sinn, dass ich lernte, meine optimale Leistung abzurufen. Sobald ein Klettertrip nach Andalusien näherrückte, führte ich dieses Training an der selbstgebauten Route am Kletterturm in Imst durch.

Bei den Bouldereinheiten übte ich etwa 60 bis 90 Minuten sehr schwere Züge mit verschiedenen Bewegungsaufgaben. Anschließend wählte ich vier Kraftübungen aus, die ich je dreimal mit einer zwei- bis dreiminütigen Pause dazwischen wiederholte. Die Bouldereinheiten dienten zum Kraft- und Schnelligkeitsaufbau. Die einzelnen Übungen wechselte ich von Phase zu Phase regelmäßig aus, um meinem Körper variantenreiche Reize zu liefern.

Trotz aller Frustration taugte mir „La Planta de Shiva" noch immer, gerade weil mir das Projekt meine Grenzen aufzeigte und ich lernen musste, an meinen Defiziten zu arbeiten. Und die liegen manchmal ganz woanders, als man zunächst meint. Ein Beispiel ist das Einhängen der Sicherheitspunkte. Im Wettkampf war es Pflicht, dass alle Schlingen der Reihe nach eingehängt wurden, und deshalb erledigte ich diese Aufgabe immer so zeitnah wie möglich, damit mir dabei kein Fehler unterlief. Anders in diesem Projekt: Dort musste ich den Fokus sogar darauf legen, manche Schlingen gar nicht einzuhängen, um Kraft zu sparen.

Ein anderes Defizit, woran ich arbeiten musste, war meine Ungeduld. Günstige Wetterbedingungen abzuwarten war beispielsweise noch nie mein Ding. Das geduldige Warten, bis sich ideale Verhältnisse zum Klettern einstellten, war bei diesem Projekt jedoch unabdingbar. Deshalb musste ich mich selbst an den Ohren nehmen und an meinem Geduldsfaden und meiner taktischen Cleverness arbeiten.

Am besten gelang es mir, alle Komponenten abzudecken, wenn ich direkt in der Route trainierte. Trotz all der Mühe, die ich mir machte, wusste ich, dass das Scheitern an diesem Projekt näher lag als das Gelingen. Denn die Route verzieh keine Fehler.

Nach einem Jahr Abstinenz kehrte ich im Mai 2017 endlich für zwei Wochen nach Spanien zurück. Die Sehnenscheidenentzündung war komplett ausgeheilt und meinen lädierten Hamstring hatte ich mit regelmäßigen therapeutischen Behandlungen sowie täglichen Übungen gut im Griff. Mein Bein erholte sich so gut, dass ich im Stande war, wieder länger als eine Stunde ohne Schmerzen zu sitzen und bis zu einer halben Stunde zu laufen. Ich kann mich noch gut an jenen Moment im Frühjahr 2017 erinnern, wo ich mich wie ein Kind über sein Geburtstagsgeschenk freute, als ich meine Haus-Joggingrunde von 25 Minuten schmerzfrei gelaufen bin. Nach dem Wintertraining fühlte ich mich körperlich auch im Klettern recht fit.

Zu meinem Entsetzen konnte ich diese Fitness jedoch nicht auf Anhieb umsetzen und fing in „La Planta de Shiva" quasi wieder von null an. Ich zweifelte an mir und suchte nach möglichen Gründen für meine schlechte Performance. Wahrscheinlich war der Abstand zwischen den Trips einfach zu lang.

Ich musste erneut einen Kurztrip planen, wenn ich vorankommen wollte. Wie immer, wenn sonst keiner Zeit hatte, war mein Papa zwei Wochen später zur Stelle – leider vergeblich, denn bei über 30 Grad im Schatten blieb uns nichts anderes übrig, als am Wandfuß zu sitzen und vor uns hin zu schwitzen. Es war zum Weinen. Erst am letzten Tag kam endlich ein kühler Wind auf, der es ermöglichte, wieder zu klettern, und ich war fest entschlossen, diesen Tag nach Kräften zu nutzen.

Wie gehabt, arbeitete ich mich mit Prusikschlingen die untere Länge empor bis zum Stand, von wo aus ich in die Verlängerung startete. Die erste schwere Hürde bewältigte ich zu meiner Überraschung sehr gut. Ich kletterte weiter und erreichte diesen Mini-Ruhepunkt, den man eigentlich gar nicht als solchen bezeichnen konnte. Ich blieb ruhig, schüttelte meine Arme kurz aus, dann kletterte ich weiter. Bei der letzten Hürde kurz vor dem Ausstieg verließen mich die Kräfte, ich verlor den Halt und fiel ins Seil.

Papa und ich waren von meiner Vorstellung ziemlich verblüfft. So viele Züge aneinanderzureihen und bis auf ein paar Meter vor das Top zu klettern, das war mir vorher noch nie gelungen! In guter Stimmung und dem Wissen, die Route ist möglich, traten wir den Rückflug an. Im Oktober würde ich wiederkommen.

La Planta de Shiva

Am 16. Oktober checkten wir um 20:30 Uhr den Flug ein. Bernie und Papa waren mit an Bord. Nach gut zweieinhalb Stunden landeten wir am Flughafen in Malaga. Anders als bei meinem letzten Besuch, wo wir vor Hitze fast umkamen, regnete es nun in Strömen.

„Was machen wir jetzt?", fragte ich entnervt meine Gefährten.

„Wir könnten uns Gummistiefel kaufen", antwortete Bernie. Und dieser Vorschlag hatte durchaus seinen Sinn, denn durch den starken Regen waren die Wege ins Klettergebiet dermaßen schlammig, dass wir mit normalem Schuhwerk kaum vorankamen.

Gesagt, getan. Mit den Gummistiefeln im Kofferraum fuhren wir zum Parkplatz des Klettergebietes, was aufgrund des Matsches kein leichtes Unterfangen war. Aber immerhin, wir waren am Start. Mit den Stiefeln erreichten wir trockenen Fußes und sturzfrei die Grotte – ein Anfang war gemacht.

Zu meinem Erstaunen sahen die Routen, soweit man sie einsehen konnte, auch nach drei Tagen Dauerregen einigermaßen trocken aus. Trotz des schlechten Wetters wagte ich noch am gleichen Tag einen Versuch.

Ich kam recht weit und fiel erst bei einem schweren Zug wenig oberhalb des Mini-Rastpunktes ins Seil. Die hohe Feuchtigkeit in der Luft war suboptimal, und die Kälte betäubte meine Finger: definitiv keine idealen Bedingungen. Nichtsdestotrotz wirkte sich das Klettern positiv auf meinen Körper aus, da ich so den Spannungszustand in meinen Muskeln stimulierte und die verinnerlichten Bewegungsabläufe aufweckte. Zudem wusste ich nun, dass die Route trotz Regen trocken blieb.

Der nächste Tag brachte endlich sonniges Wetter. Die Vögel sangen, der Himmel glänzte azurblau. Die nach Nordosten ausgerichtete Wand „Chilam" blieb zum Glück ab den späten Vormittagsstunden von der Sonne verschont. Du denkst, das ist ein Scherz? – Oh nein. Kletterer, die gerade eine Route projektieren, fürchten die Sonne wie der Teufel das Weihwasser. Die Nässe natürlich auch. Für kühle und trockene Bedingungen sind sie bereit, vieles zu tun, und so kommt es, dass man Kletterer selbst an den Tagen, wo die Sonne vom Himmel lacht, dick eingemummt auf der „Schattenseite des Lebens" antrifft. So auch in Chilam. Es herrschten ideale Temperaturen.

„Möchtest du die erste Länge nicht doch lieber klettern, Angy? Ich glaube, das Hochziehen an den Schlingen ist nicht weniger anstrengend, wenn nicht sogar anstrengender", riet mir Bernie fragend.

„Eigentlich hast du Recht, Bernie. Mir tun die Hände eh schon weg von dem ewigen Schlingenziehen." Ich zog meine Kletterschuhe an, die „Futura" von meinem Ausrüster La Sportiva. Mit diesen ballerinaähnlichen Patschen hatte ich im Vergleich zu anderen Modellen das beste Gefühl für die Felsreibung sowie beim Antreten und Ziehen an den kleinen Tritten. Bei ganz vertikalen Wänden mit Mikrotritten greife ich lieber zu Kletterschuhen, die eine härtere Sohle haben. Hier aber, in „La Planta", bewährten sich meine weichen „Futura".

Bevor ich loslegte, checkten Bernie und ich wie immer die Sicherheitsvorkehrungen ab. Wir überprüften, ob unsere Gurte zugeschnallt waren, das Seil in meinem Gurt richtig festgebunden und ob das Sicherungsgerät samt Seil korrekt an Bernies Gurt fixiert war. Zu guter Letzt schauten wir, ob wir auch wirklich einen Sicherheitsknoten ins Seilende geknüpft hatten. Dieser Partnercheck war uns längst in Fleisch und Blut übergegangen.

So, nun ging's los. Ich kletterte solide bis zum ersten schweren Zug in der ersten Länge. Und dieser Zug hatte es richtig in sich. Ich musste mit meiner linken Hand etwas oberhalb und überkreuzt einen waagrechten kleinen Zangengriff nehmen. Meine Beine standen weiter links. Von dieser Position ausgehend, griff ich in eine kleine Leiste, die mit der Greiffläche in meine Richtung zeigte. Diese nahm ich mit meiner rechten Hand. Nun versetzte ich meine Füße an kleinen abschüssigen Tritten. Meinen linken Fuß platzierte ich links in eine Delle und meinen rechten an einem Sinter. Nun muss-

te ich meinen Körper schwungvoll nach oben bewegen und gleichzeitig auf den guten, aber ungünstig gedrehten Griff zielen. Natürlich erwischte ich ihn nicht.

Generell mag ich solche dynamischen Züge nicht besonders gern. Erstens liegt mir diese Art von kompromissloser schwungvoller Kletterei nicht besonders, weil ich lieber exakt und kontrolliert klettere, zweitens kam mir meine geringe Körpergröße bei diesem Zug nicht gerade entgegen. Dennoch war mir klar, dass ich diesen Zug eigentlich beherrschte, da ich diese erste Länge ja schon im Herbst 2015 durchstiegen hatte. Jetzt lag es also daran, das eingeschlafene Perfektionsmuster für diese Bewegung zu erwecken.

Sofort zog ich mich am Seil hoch, setzte den Zug nochmals an und erwischte ihn schnurgerade. „Jawohl, geht doch!", freute ich mich.

Ich kletterte weiter, meisterte auch die folgenden schweren Züge gut und erreichte den Stand der ersten Länge. Normalerweise ruhte ich mich hier immer im Seil sitzend aus, da ich mich nach dem grandiosen Durchstieg von Jakob Schubert nur mehr auf die Verlängerung konzentrieren wollte. Diesmal änderte ich aber spontan mein Vorhaben.

„Eigentlich fühle ich mich gar nicht so müde", sagte ich gedanklich zu mir und entschloss mich, die Anschlusslänge diesmal ohne Pause gleich anzuhängen. Ich kletterte weiter, bewältigte die harte Schlüsselstelle in der Traverse richtig gut und erreichte den Mini-Rastpunkt. Kurz schütteln, dann kletterte ich weiter, über die Stelle, an der ich am Tag zuvor scheiterte. Auch die nächste Hürde nahm ich, und schließlich erreichte ich den letzten schweren Zug.

Ich musste mit der linken Hand einen nach rechts gedrehten Seitgriff halten und von diesem in einer sehr schweren Bewegung nach rechts in einen guten Griff zielen, der sich in einem Loch befand, aus dem eine riesige Pflanze herauswuchs. Stell dir vor, ich erwischte diesmal sogar diesen Griff! Innerlich strahlend zog ich mich an dem großen Griff hoch und rastete kurz: Ich hatte es tatsächlich geschafft, mit nur einem einzigen Sturz die gesamten 100 schweren Züge zu klettern! Ich stieg noch die letzten leichten Züge bis zum Top und knipste das Seil in den Umlenker.

Eine der knackigen Stellen im unteren Teil von „La Planta de Shiva".

Als ich wieder am Boden war, schauten Bernie und ich uns nur vielsagend an. Keiner sprach ein Wort. Wir wussten nun beide, dass ich das Potenzial hatte, die gesamte Route in einem einzigen Go sturzfrei zu klettern. Jetzt kam es vor allem auf das richtige Timing an. Ich wusste, dass ich die winzigen Leisten nur bei niedrigen Temperaturen halten konnte. Zudem raubte mir jeder weitere Versuch unnötig Kraft und Haut. Meine Chancen begrenzten sich also auf wenige Tage mit nur je einem Versuch.

Am richtigen Ort zum richtigen Zeitpunkt die perfekte Leistung abzurufen, das war ein Szenario, das mir vom Wettkampf vertraut war. Meine Taktik lautete folglich: optimale Bedingungen abwarten, um keine unnötigen Kräfte und Haut liegen zu lassen. Als Erstes jedoch musste ich die Bewegung von diesem unangenehmen „Schnapper" in der ersten Länge perfektionieren.

Am nächsten Tag stapften wir abermals mit unseren Gummistiefeln zur Wand. Der Wind wehte mit einer leichten, angenehmen Brise und kühlte die warme Umgebungstemperatur. Während wir zur Wand gingen, hörten wir schon von weitem zahlreiche Stimmen und Hundegebell. Viele Kletterer nutzten diesen schönen Tag zum Klettern aus. Die meisten Gesichter kannten wir bereits vom Sehen, viele auch beim Namen. Nur wenige beherrschten Englisch gut, aber das hinderte niemanden daran, freundlich zu grüßen. Wir fühlten uns immer sehr willkommen und waren schon mit der Szene vertraut.

Der Wind streifte leicht über die Felswand und die Sonne warf ihre Strahlen hinter uns in die Olivenhaine herab. Von hier aus blickten wir auf das vom natürlichen Licht hell erleuchtete Dörfchen Villanueva del Rosario. Rechts davon ragten die Hausberge Pico Chamizo und Hondonero in den azurblauen Horizont, zu denen ich mit Papa gewandert war, nachdem ich mir die Verletzung am Ringband zugezogen hatte.

Es war ein perfekter Tag, angenehm kühl und windig, entspannte, freundliche Stimmung. Ich schaute empor in mein Projekt und rief mir die Bewegungen des weiten Schnappers in Erinnerung, der mich am Tag zuvor gefuchst hatte.

„Gehst du es an?", fragte mich Bernie, und ich hatte tatsächlich gerade denselben Gedanken. Ich prüfte bedacht sämtliche wichtigen Passagen im Kopf, bevor ich startete. Aber ich scheiterte wieder am Schnapper. Und wieder.

Dann entdeckte ich jene erfolgversprechende Lösung vom Oktober 2015 wieder, als ich diese erste Länge erstmals durchstieg. Ich nahm die Schulter-

In einer schweren Passage im unteren Teil von „La Planta de Shiva".

leiste mit der rechten Hand, wählte den mittleren Tritt mit dem linken Fuß, setzte den rechten Fuß auf den markanten schwarzen Tritt, konzentrierte mich auf den Zielgriff und pulsierte meinen Körper mit den Beinen in Richtung des Zielgriffes.

Bernie seilte mich ab, ich knotete das Seil aus meinem Gurt und setzte mich neben ihn. „Ob das noch was wird?", zweifelte ich.

„Der Zug schaut eh nicht mehr so schlecht aus. Da fehlt nicht mehr viel. Mach eine gscheite Pause, dann kannst ja nochmal probieren", ermutigte er mich. Und Luis, der gerade links neben uns seinen Kollegen sicherte, rief angesichts meines verzweifelten Blicks: „You can do it, Angy! Believe in you!" Diese ehrlich gemeinten Worte taten mir gut. Wie Recht hatte er! Ich durfte den Glauben an mich jetzt bloß nicht verlieren.

Ich legte mich auf meinen Rucksack und rastete für ungefähr eine Stunde. Dann wagte ich einen Neustart und stieg nochmals ein.

Wiederum meisterte ich die untere Passage anstandslos und erreichte den magischen weiten Zug. Konzentriert startete ich durch, erwischte den Griff gerade noch mit zwei Fingern – und zog weiter. Ruhig erreichte ich den Stand nach der ersten Länge. Dort schüttelte ich an den guten Griffen meine Arme gründlich aus, atmete mehrmals bewusst ein und aus, dann kletterte ich fokussiert weiter.

Es folgten einige schwere Züge, die ich gut bewältigte. Nun wartete die Schlüsselstelle. Eine präzise Platzierung der Füße war entscheidend, um dort nicht aus der Balance zu kippen. Ich kletterte diese Passage souverän und erreichte endlich den Mini-Rastpunkt. Dort versuchte ich mich, so gut es ging, zu erholen.

Ich stieg weiter, meisterte auch den Zug, an dem ich zwei Tage zuvor gestürzt war. Nun kam die nächste Hürde, meine „Abtropfstelle" vom Mai. Es wurde knapp, gerade noch bewegte ich meinen Fuß auf den Tritt. Ruhig nahm ich den Untergriff mit der rechten Hand, setzte meinen rechten Fuß und schnappte mit der linken Hand weiter zu einer Zange. Mit aller Kraft setzte ich meinen rechten Fuß und zog mit rechts zum Loch darüber. Ich drehte meinen Körper und griff links weiter. Mein Unterarm schien dicht zu machen. Bloß das nicht, denn es warteten drei weitere schwere Züge. Ich kreuzte nach oben mit der linken Hand, pendelte aus und fasste sofort mit dem rechten Fuß den Tritt. Schnell griff ich mit der rechten Hand zum Zwischengriff und weiter zum letzten Griff, dem sogenannten „Ausstiegshenkel" in dem Loch mit der Pflanze, löste meine Beine und stieg auf den höheren Tritt. Ich umklammerte den Henkel mitsamt der Pflanze und versuchte mich zu fangen, denn ich konnte es kaum glauben, was gerade geschehen war. Ich hatte tatsächlich alle schweren Züge ohne zu stürzen geschafft! Ruhig kletterte ich die letzten leichten Züge bis zum Umlenker, zog das Seil hoch und hängte es in den Karabiner. Was für ein Wahnsinnsgefühl!

Beim Abseilen hörte ich die anderen Kletterer jubeln und applaudieren. Am Boden angekommen, knotete ich das Seil aus meinem Gurt, eilte zu Bernie, und wir fielen uns in die Arme. Beiden liefen uns die Tränen über die Wangen. Alle kamen, um mir zu gratulieren, Luis, Dani, Pablo, später dann Sergio, Rafa Fanega, Primo, Michael und viele mehr. Es war ein wunderschönes Gefühl … einer der schönsten Momente in meinem Leben.

Das Klettern an den Sinterstrukturen im oberen Teil
von „La Planta de Shiva" bleibt anhaltend schwer.

Nach meiner erfolgreichen Begehung lud ich ein paar Kollegen zum Essen ein, um gemeinsam mit Bernie, Papa und mir zu feiern.

Meine Freunde in Villanueva del Rosario bereiteten mir an diesem Abend spontan ein richtiggehendes Fest. Pablo lud Bernie und mich zusammen mit einigen anderen Kletterkollegen zum Paellaessen in sein Apartment ein. Pablos Paellas waren legendär! Bernie und ich sorgten für die Getränke. Es wurde ein unvergesslicher, lustiger Abend. Wir saßen die halbe Nacht auf Pablos großem Balkon, über uns leuchteten die Sterne vom Himmel. Ich war so unendlich dankbar, diesen Tag erleben zu dürfen und solche Freunde zu haben, die mir diesen wunderbaren Abend schenkten. Es war einfach unglaublich, dass am Ende tatsächlich noch das Unmögliche Wirklichkeit geworden war. Irgendwann meinte ich scherzhaft zu Luis: „Wie sieht es denn nun aus mit meinem neuen Tattoo?"

„Yeah, Angy!", lachte er euphorisch. „You get it! For ever."

Dass ich mein großes Projekt tatsächlich realisiert hatte, war auch Tage danach noch unfassbar für mich – ähnlich wie die Vorstellung, dass ich nun bald mein erstes Tattoo tragen sollte. Obwohl ich die Wette mit Luis zunächst eher als einen Witz verstanden hatte, änderten sich nun die Dinge. Denn er stand nicht nur mir, ich stand auch ihm im Wort, und so fand ich mich einige Tage später trotz mancher Zweifel bei Alex, dem angeblich besten Tätowierer in Malaga, wieder. Ich hatte mir genau überlegt, welches Motiv ich haben wollte, schließlich war es eine lebenslängliche Entscheidung. Alex zauberte das Bild, das ich vor mir hatte, bestens auf die Innenseite meines linken Unterarmes: eine Blume, deren Wurzeln mich an Bodenständigkeit und ihre Blüten an positives Denken erinnern sollen – meine ganz persönliche „Planta".

Nachbemerkung

Mit der erfolgreichen Rotpunktbegehung von „La Planta de Shiva" habe ich nicht nur meine persönliche Bestmarke erreicht, ich habe auch Klettergeschichte geschrieben, denn ich habe als erste Frau weltweit eine Sportkletterroute im magischen Schwierigkeitsgrad 9b bewältigt. Dazu möchte ich jedoch anführen, dass Klettern für mich kein geschlechtsspezifischer, sondern ein individueller Sport ist. Klettern ist so komplex, jede Route ist anders, da kommt es ganz stark auf die eigenen Fähigkeiten und körperlichen Voraussetzungen an. Die erste Frau weltweit zu sein, die eine 9b klettert, ist eine schöne Begleiterscheinung, aber das war nicht meine Motivation für dieses Projekt! Außerdem möchte ich noch erwähnen, dass ein spanischer Kletterer unmittelbar nach meiner Begehung von „La Planta de Shiva" diese Meldung im Internet verbreitet hatte, was einen medialen Ansturm auslöste, wie ich ihn bislang noch nie erlebt hatte. Ich erhielt zu meiner Überraschung haufenweise Glückwünsche, noch bevor ich selbst über meine erfolgreiche Begehung berichten konnte. Es brach quasi ein virales Phänomen aus, das mich überwältigte. Wirklich alle Kommentare auf meinen sozialen Medien waren positiv, die Medien berichteten, nicht selten fand ich mich am Cover von Magazinen oder Zeitschriften wieder. Der Respekt, der mir entgegengebracht wurde, und die Anerkennung freuten mich natürlich. Was ich im Nachhinein ändern würde, war mein Zeitmanagement: Ein mehrwöchiger Aufenthalt vor Ort wäre vermutlich zielführender gewesen als die vielen Kurztrips, mit denen ich zwar Arbeit und Sport unter einen Hut bringen konnte, aber der Prozess zog sich dadurch doch sehr in die Länge. Vor Ort hätte ich auf günstige Kletterbedingungen reagieren können, keinen Zeitdruck gehabt und die Bewegungen nicht wieder erst in Erinnerung rufen müssen.

Die Unterstützung durch meinen Mann – Bernie und ich sind am 15. Juli 2017 den Bund der Ehe eingegangen – und durch meinen Papa war bei diesem Projekt extrem wichtig für mich. Ohne sie wäre das alles nicht möglich gewesen. Sie sind die Menschen meines Vertrauens. Ohne ihren Glauben an mich hätte ich diese Route niemals klettern können. Als kleiner Dank dafür, dass sie immer für mich da sind, widme ich ihnen dieses Buch.

Was bringt die Zukunft?

Ein Leben ohne Klettern kann ich mir kaum vorstellen. Deshalb wird dieser Sport weiterhin einen wichtigen Teil in meinem Leben einnehmen. Bernie und ich träumen von einer mehrwöchigen Kletterreise quer durch Europa. Aus diesem Grund haben wir uns einen Camper zugelegt, mit all dem Komfort, damit wir uns auch in der Ferne wie daheim fühlen können. Ein weiteres Ziel ist das Einbohren und Erstbegehen von unseren eigenen Linien. Das Erschließungsprojekt in Leonidio hat uns beiden dermaßen gut getaugt, dass wir auch zu Hause neue Routen eingebohrt haben, die nun auf die Erstbegehung warten. Da die Routen allesamt schwer sind, wird uns dieser Prozess noch eine Weile beschäftigen. Das Klettern am Limit motiviert uns, und da wir „unseren" Felsriegel in nächster Umgebung haben, können wir ausgeruht in unsere Projekte starten, wann immer wir Zeit finden. Im privaten Bereich ist es mir ein großes Anliegen, den Kontakt zu meiner und zu Bernies Familie zu pflegen. Ob wir vielleicht auch mal eine eigene Familie gründen? Mal schauen, was die Zukunft bringt …

ZEITTAFEL

Die wichtigsten Wettkampf-Erfolge (Vorstiegsklettern/Lead)

1998	Erster Bewerb: Westtiroler Meisterschaft der Nachwuchsklasse, 5. Platz
2000	Jugend-WM in Amsterdam (Niederlande), 24. Platz
2001	Jugend-WM in Imst (Österreich), 2. Platz
2002	Jugend-WM in Canteleu (Frankreich), 2. Platz
	Tiroler Meisterin Nachwuchsklasse
	Österreichische Staatsmeisterin Nachwuchsklasse
	Europacup Gesamtsiegerin Jugend-A
	erster Weltcup in Bozen (Italien), 26. Platz
	Weltcup in Imst (Österreich), 11. Platz
	Weltcup in Aprica (Italien), 5. Platz
	Weltcup in Kranj (Slowenien), 7. Platz
2003	Europacup-Gesamtsiegerin Jugend
	Jugend-WM in Veliko Tarnovo (Bulgarien), 3. Platz
	Österreichische Staatsmeisterin Damen
	Weltcup in Imst (Österreich), 4. Platz
	Weltcup in Lecco (Italien), 7. Platz
	WM Chamonix (Frankreich), 7. Platz
	Sieg beim Rock Master in Arco (Italien)
	Weltcupsieg in Aprica (Italien)
	Weltcup in Prag (Tschechien), 2. Platz
	Weltcupsieg in Valence (Frankreich)
	Weltcup in Kranj (Slowenien), 2. Platz
	Weltcup in Shenzhen (China), 2. Platz
	Weltcupgesamtwertung, 3. Platz
2004	Weltcup in Puurs (Belgien), 8. Platz (nach Führung im Halbfinale)
	Weltcupsieg in Imst (Österreich)
	Europameisterschaft in Lecco (Italien), 6. Platz
	Weltcup in Chamonix (Frankreich), 2. Platz
	Inernationaler Event Serre Chevalier (Frankreich), 6. Platz
	Weltcup in Marbella (Spanien), 7. Platz
	Sieg beim Rock Master in Arco (Italien)
	Weltcupsieg in Shanghai (China)
	Weltcupsieg in Aprica (Italien)
	Weltcup in Valence (Frankreich), 5. Platz
	Weltcup in Brno (Tschechien), 4. Platz
	Weltcupsieg in Kranj (Slowenien)
	erstmals Weltcupgesamtsiegerin

2005	Weltcupsieg in Veliko Tarnovo (Bulgarien)
	Weltcupsieg in Puurs (Belgien)
	Weltcupsieg in Imst (Österreich)
	Österreichische Staatsmeisterin Damen in Großraming (Österreich)
	Weltcupsieg in Zürich (Schweiz)
	erstmals Weltmeisterin in München (Deutschland)
	Weltcupsieg in Chamonix (Frankreich)
	Sieg bei den internationalen World Games
	Internationaler Event in Serre Chevalier (Frankreich), 3. Platz
	Sieg beim Rock Master in Arco (Italien)
	Weltcupsieg in Marbella (Spanien)
	Weltcup in Shanghai (China) 2. Platz
	Weltcupsieg in Valence (Frankreich)
	Weltcupsieg in Kranj (Slowenien)
	Weltcupgesamtsiegerin
2006	Weltcupsieg in Puurs (Belgien)
	Weltcupsieg in Dresden (Deutschland)
	Europacup-Meisterschaft in Jekaterinburg (Russland), 5. Platz
	Weltcupsieg in Chamonix (Frankreich)
	Weltcupsieg in Qinghai Province (China)
	Weltcupsieg in Singapur (Singapur)
	Weltcup in Kuala Lumpur (Malaysia), 3. Platz
	Rock Master Arco (Italien), 2. Platz
	Weltcupsieg in Marbella (Spanien)
	Österreichische Staatsmeisterin Damen in Graz (Österreich)
	Weltcup in Shanghai (China), 9. Platz
	Weltcupsieg in Penne (Italien)
	Weltcup in Kranj, 2. Platz
	Weltcupgesamtsiegerin
2007	Weltcupsieg in Imst (Österreich)
	Weltcupsieg in Zürich (Schweiz)
	Österreichische Staatsmeisterin Damen in Dornbirn (Österreich)
	Weltcup in Chamonix (Frankreich), 18. Platz
	Weltcup in Qinghai Province (China), 2. Platz
	Sieg beim Rock Master in Arco (Italien)
	Weltmeisterin in Avilles (Frankreich)
	Weltcup in Puurs (Belgien), 2. Platz
	Weltcup in Kazo (Japan), 6. Platz
	Weltcup in Valence (Frankreich), 2. Platz
	Weltcup in Kranj (Slowenien), 13. Platz
	Weltcupgesamtwertung, 2. Platz

2008	Österreichische Vize-Staatsmeisterin Damen in Großraming (Österreich)
	Weltcup in Qinghai (China), 10. Platz
	Weltcup in Chamonix (Frankreich), 2. Platz
	Weltcup in Bern (Schweiz), 8. Platz (Schulterverletzung im Halbfinale)
2009	Weltmeisterschaft in Qinghai (China), 5. Platz
	Weltcup in Chamonix (Frankreich), 5. Platz
	Weltcup in Barcelona (Spanien), 2. Platz
	Weltcup in Imst (Österreich), 2. Platz
	Sieg beim Rock Master in Arco (Italien)
	Weltcup in Puurs (Belgien), 4. Platz
	Weltcup in Brno (Tschechien), 11. Platz
	Weltcup in Kranj (Slowenien), 9. Platz
	Weltcupgesamtwertung, 4. Platz
2010	Österreichische Staatsmeisterin Damen in Vöcklabruck (Österreich)
	Weltcup in Chamonix (Frankreich), 5. Platz
	Rock Master Arco (Italien) Weltmeisterschaft Pre-event, 3. Platz
	Weltcup in Xining (China), 4. Platz
	Weltcup in Chuncheon (Südkorea), 3. Platz
	Erstmals Europameisterin in Imst (Österreich)
	Weltcup in Puurs (Belgien), 3. Platz
	Weltcup in Huaiji (China), 5. Platz
	Weltcup in Kranj (Slowenien), 4. Platz
	Weltcupgesamtwertung, 3. Platz
2011	Österreichische Staatsmeisterin Damen in Imst (Österreich)
	Weltcupsieg in Chamonix (Frankreich)
	Weltmeisterin in Arco (Italien)
	Weltcup in Briancon (Frankreich), 3. Platz
	Weltcup in Puurs (Belgien), 2. Platz
	Weltcup in Boulder (USA), 5. Platz
	Weltcup in Valence (Frankreich), 4. Platz
	Weltcup in Kranj (Slowenien), 6. Platz
	Weltcupsieg in Barcelona (Spanien)
2012	Österreichische Vize-Staatsmeisterin Damen in Graz (Österreich)
	Weltcup in Imst (Österreich), 11. Platz
	Sieg beim Rock Master in Arco
	Weltmeisterin in Paris (Frankreich)

Zusammenfassung der wichtigsten Wettkampferfolge

vierfache Weltmeisterin: 2005, 2007, 2011, 2012

Weltcupgesamtsiegerin 2004, 2005, 2006; insgesamt 25 Weltcupsiege

Weltcupgesamtsieg Kombination Vorstieg und Boulder 2006

Europameisterin 2010; Sieg bei den World Games 2005

Rekordhalterin von sechs Rock-Master-Titeln: 2003, 2004, 2005, 2007, 2009, 2012

Die wichtigsten Sportkletterrouten und Boulder

2006	On-Sight-Begehung von „Skyline", 8b in Bürs/Österreich
2007	„Nobody is Perfect", 8c in Bürs/Österreich
	„Bodybuilding", 8c in Bürs/Österreich
	„Claudio Café", 8c+ in Terra Promessa/Italien
2008	„Strelovod", 8c in Misja Pec/Slowenien
2009	„White Zombie", 8c in Baltzola Cave/Spanien
	diverse schwere Boulder in der Silvretta/Österreich wie „Niviuk", 8a; „Zwiderwurz", 8a;
	„Freerunner", 8a+
2010	„Ingravids Extension", 8c+ in Santa Linya/Spanien
2014	„Hades", 9a in Imst/Österreich (erste Frau in Österreich mit einer 9a-Sport-kletterroute)
	„Big Hammer", 9a in Pinswang/Österreich
	„Zauberfee", 8c+ in Arco/Italien
	„Nostalgischer Bastard", 8c+ in Prutz/Österreich
	„Boulevard of Broken Dreams", 8a, Mehrseillängenroute im Ötztal/Österreich
	„Halteverbot", 8a/b im Flash, Mehrseillängenroute in den Tannheimer Bergen/Österreich
	schwere Boulder in Rocklands/Südafrika wie „Out of Balance", 8a; „Hatchling", 8a; „Tea with Elmarie", 8a+; „Fragile Steps", 8b und „In the middle of the ass", 8a (Flash-Begehung)
2015	„Era Vella", 9a in Margalef/Spanien
	Einbohrprojekte und Erstbegehungen in Griechenland (Leonidio, Kyparissi)
	On-Sight-Begehung von „Tanz der Moleküle", 8b/+ in Elbigenalp/Österreich
2016	diverse schwere Boulder wie „Shining", 8a, „British Airways", 8a und „Sunshine Reggae", 8a (Flash-Begehung) in der Silvretta/Österreich
	„Tres Satellites", 8c in Otinar/Spanien
2017	„La Planta de Shiva", 9b in Andalusien/Spanien; erste Frau weltweit, die diesen Schwierigkeitsgrad im Sportklettern bewältigt.
2018	„Battle Cat", 8c/8c+ im Frankenjura/Deutschland; „Andiamo", 8c+ im Allgäu/Deutschland; „Basica", 8c/8c+ im Allgäu/Deutschland und „Clin d'oeil au paradis d'en face", 8c in Tournoux/Frankreich
2019	schwere Erstbegehungen und Wiederholungen im einem neu erschlossenen Gebiet in Tirol. „Pure Dreaming", 9a in Arco/Italien sowie schwere Boulder-Begehungen in der Silvretta/Österreich u. a. „High Society", 8a und „King of nothing", 8a

Auszeichnungen

Tiroler Sportlerin des Jahres 2006, 2007 und 2012; Goldene und Silberne Ehrennadel für Verdienste um die Republik Österreich; Arco Legends Competition Award 2005; Panathlon-Auszeichnung; Ehrenbürgerin der Gemeinde Arzl im Pitztal

Dank

Ein besonderer Dank gilt folgenden Sponsoren, die mich immer tatkräftig unterstützt haben. Das sind bis heute Red Bull, Edelrid, Imst-Tourismus und La Sportiva und waren während meiner aktiven Wettkampfzeit VAUDE, Raiffeisen, Top 30, GH Hirschen Imst, die Österreichische Sporthilfe, der Österreichische Alpenverein sowie der Österreichische Wettkletterverband.

Weiters möchte ich meinen Buchbetreuern Martin Bethke von Storyvents sowie Anette Köhler vom Tyrolia-Verlag für ihre unermüdliche Unterstützung in meinem Buchprojekt bedanken. Auch den Testlesern gilt mein besonderer Dank für ihre Mitwirkung und hilfreichen Feedbacks. Nicht zuletzt möchte ich auch Florian Klingler danken, der mich zum Schreiben dieses Buches motiviert hat und mir vor allem zu Beginn mit Rat und Tat zur Seite stand.

Packend, authentisch und inspirierend:
Das faszinierende Leben
von Pionierinnen in Fels und Eis

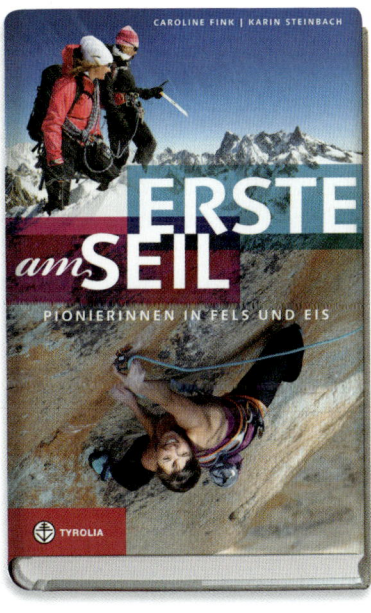

Caroline Fink /
Karin Steinbach Tarnutzer
Erste am Seil
Pionierinnen in Fels und Eis.
Wenn Frauen in den Bergen
ihren eigenen Weg gehen

304 Seiten, 49 farb. und
88 sw. Abb., geb. m. SU
ISBN 978-3-7022-3252-8

In den Anfangsjahren des Alpinismus war es für Bergsteigerinnen schwierig, sich überhaupt an ein Seil binden zu dürfen. In den Bergen unterwegs waren sie jedoch schon sehr früh, auch wenn ihre Namen und Taten oft unbekannt blieben.

Von den ersten Alpenpionierinnen im 19. Jahrhundert über Höhenbergsteigerinnen aus aller Welt bis zu den Spitzenkletterinnen von heute dokumentiert dieses Buch die Leistungen selbstbewusster Frauen in Fels und Eis. Und erzählt in 26 Porträts vor allem eines: Geschichten voller Lebensfreude, Leidenschaft und Inspiration.

2019
© Verlagsanstalt Tyrolia, Innsbruck
Umschlaggestaltung: Roberto Baldissera, Agentur für Grafik, Innsbruck
Coverbild: Angela Eiter 2015 in Kyparissi (Griechenland), © Red Bull Content Pool, Foto: L. Fonda
Umschlagrückseite: Angela Eiter siegt bei der WM in Arco 2011, © ASP / Red Bull Content Pool, Foto: F. Klingler; Umschlagklappe: © ASP / Red Bull Content Pool, Foto: B. Hörtnagl
Layout und digitale Gestaltung: Tyrolia-Verlag
Bildnachweis: Archiv Angela Eiter S. 25, 31, 32, 61; ASP Red Bull S. 71, 79, 95 (Foto: F. Klingler), S. 99 (l. o., Foto: F. Klingler); Günter Durner S. 41, 42; norbert.freudenthaler.com S. 65; Red Bull Content Pool S. 96 (Foto: M. Ferro), 99 (r. o., Foto: S. Gruden), 101 (o. und r. u. Foto: E. Holzknecht; l. u. Foto: F. Klingler), S. 125, 127 (B. Gimenez), S. 128 (Foto: M. Hanslmayr), S. 135, 147, 149, 150 (Foto: Javipec); Christian Pfanzelt Photography S. 112; Martin Poetter S. 110; Bernhard Ruech S. 79 (r. o.), 99 (u.), 115, 119, 120, 122, 135 (u.).
Lithografie: Artilitho, Lavis (I)
Druck und Bindung: DZS Grafik, Slowenien
ISBN 978-3-7022-3806-3 (gedrucktes Buch)
ISBN 978-3-7022-3807-0 (E-Buch)
E-Mail: buchverlag@tyrolia.at
Internet: www.tyrolia-verlag.at